教育部人文社会科学研究规划基金项目成果（项目批准号：19YJC890051）
河南省哲学社会科学规划项目成果（项目批准号：2018BTY005）

体育课堂教学设计

徐伟 著

人民体育出版社

图书在版编目（CIP）数据

体育课堂教学设计/徐伟著. -- 北京：人民体育出版社, 2022（2023.4重印）
ISBN 978-7-5009-6182-6

Ⅰ.①体… Ⅱ.①徐… Ⅲ.①体育教学—课堂教学—教学设计—研究 Ⅳ.①G807.01

中国版本图书馆CIP数据核字(2022)第111192号

*

人民体育出版社出版发行
北京中献拓方科技发展有限公司印刷
新 华 书 店 经 销

*

710×1000　16开本　12.5印张　223千字
2022年8月第1版　2023年4月第2次印刷

*

ISBN 978-7-5009-6182-6
定价：66.00元

社址：北京市东城区体育馆路8号（天坛公园东门）
电话：67151482（发行部）　　邮编：100061
传真：67151483　　　　　　　邮购：67118491
网址：www.psphpress.com

（购买本社图书，如遇有缺损页可与邮购部联系）

序

新时代学生发展核心素养是研制学业质量标准、修订课程方案和课程标准的重要依据，也是课堂教学落实"立德树人"教育根本任务的有力抓手。核心素养引领课堂教学改革，从关注"静态"的学科知识技能掌握程度，向关注"动态"的惠及学生一生的必备品格和关键能力转型，使教师"教"的方式和学生"学"的方式发生了根本性的变化。有鉴于此，聚焦学生发展核心素养，重构体育课堂教学新范式已成为当前全面深化课程教学改革亟待解决的问题。

本书依据现代认知学习理论，结合前期实践探索经验及典型案例，试图解答以下几个方面的问题：

第一，体育课堂教学发生了怎样的变化？核心素养引领课程教学改革从对"学科内容"的关注转向对"育人目的"的关注，从对"学科教材、课程标准的要素"的关注转向对"培养什么样的人""如何培养人""为谁培养人"的价值关注。因此，各学科课堂教学需要从传统以"教"为主的范式向以"学"为主的范式转变，即从低阶的学科知识技能掌握程度向高阶的必备品格和关键能力培养转变；从固定的学科内容向关联学生学习与生活实际的生成性内容转变；从浅层的知识技能学习、理解和记忆向深层的知识技能应用、分析、判断、推理、预测和迁移创新学习转变；从单一的结果性评价向基于证据的多元过程性评价转变。

第二，体育课堂教学的核心价值是什么？课堂教学要引导学生在认知、情感、技能等方面发生整体变化，在思维方式、情感体验、思想境界、为人处世等维度发生实质性的变化，课堂教学应释放出生命感、意义感、眷注感、智慧感、美妙感、意境感、期待感……（牛秀娟，2018）体育课堂教学亦是如此，体育与健康知识和技能是育人的载体而非目的，体育课堂教学不仅要传授知识、训练技艺和增强体质，还要使学生能够乐享体育、锤炼意志、健全人格、发展智力和提升社会适应能力。所以，体育课堂教学要引导学生主体产生由不知到知、由不会到会、由不能到能、由散漫到自律、由推卸到担当、由自卑到自信、由孤僻到合作的变化，才能从传统的"学科教学"中走出来，回归到"学科育人"的本原道路上。

第三，体育课堂教学设计的依据有哪些？从学生学习的本质及认知规律的视角来看，体育课堂教学设计应依据现代学习理论、运动技能形成理论和核心素养形成机制，以确保体育课堂教学设计与实施的科学性；从设计的思路和方法来看，体育课堂教学设计应依据前沿的教育理念、先进的教育技术和典型的实践案例，具体包括成果导向教育理念、发展核心素养理念、课程思政融合理念和教育技术融合理念，以确保体育课堂教学设计与实施的有效性；从教学实际情况来看，体育课堂教学设计应依据学情分析、教学条件分析和教师自我能力分析的客观数据，以确保体育课堂教学设计与实施的可行性。

第四，体育课堂教学如何突出学生主体？首先，要明确学生主体观，即学生是课堂教学的起点，也是课堂教学的最终目的，一切教学活动的设计，都是为了促进学生的学习与发展；其次，要准确诊断学生体质健康状况，依据数据分类、分层、分组，因材施教；再次，要研究学生生长发育的一般规律及特征，尤其是研究学生发展核心素养的敏感期，有针对性地选择加工教学内容；又次，研究学生核心素养形成过程及机制，为学生创设科学有效的深度学习情境，帮助学生在学习理解体育与健康知识技能的基础上，应用实践、迁移创新；最后，教学中要相信学生、尊重学生，尽可能满足学生发展体育的需要，激发学生运动兴趣，调动学生学习的积极性、主动性和创造性。

第五，体育课堂教学如何实现高阶目标？高阶目标在教学目标分类中表现为较高层次的心智活动或认知能力，如分析、判断、推理和创造，区别于静态的学科知识技能掌握程度的低阶目标，但它又是学生在达成低阶学习目标基础上，需要通过深度学习才能发展的高阶思维、关键能力和必备品格。体育与健康课程的高阶目标是体育学科给予学生适应未来社会发展和个体终身发展所需要的运动能力、健康行为和体育品德。据此，体育课堂教学设计，首先应该明确低阶学习目标是高阶学习目标的基础,不能片面追求高阶学习目标的达成;其次,高阶学习目标需要高阶认知行为活动才能实现,不能用低阶行为动词表述高阶目标;最后,有些高阶学习目标的达成(健康行为、体育品德)是一节课看不见的,但又是每节课必不可少的,所以,清楚地表述达成目标的任务至关重要。

第六,体育课堂教学如何创设深度学习情境?从现代认知理论来看,学生的认知过程需要经过学科知识的学习理解、应用实践和迁移创新逐层递进、不断深入的三个阶段,而每个阶段基于学生发展学科的高阶思维、关键能力和必备品格培养所创设的深度学习情境至关重要,是学生从知识定向到能力表现再到自觉内化为学科素养的关键。就体育课堂教学设计而言,在学习理解阶段,要注重动作要领编码、学生相互纠错和动作规范干预方法创设,以实现辨识记忆、概括关联和说明论证等高阶学习目标;在应用实践阶段,要注重体能干预方法创设、运动人体科学知识探究、游戏或比赛情境创设,以实现分析解释、简单设计、推理预测等高阶学习目标;在迁移创新阶段,要注重问题诊断、目标引导、生活实践、体验感悟和文化植入等情境创设,以实现评价反思、方法迁移、实践创新和素养内化等高阶学习目标。

第七,体育课堂教学如何实施过程评价?其一,体育课堂教学过程性评价标准研制,依据每一个课堂教学活动要达成的目标,如出勤行为、课堂参与行为、体育与健康知识和技能展示行为、课堂学习行为、运动能力表现行为、课后学练分享行为等,将学生学习过程中的行为表现分为优秀行为和不当行为,并制定评价标准;其二,体育课堂教学过程性评价积分办法,即依据班级学情和教师教学经验,规定优秀行为记录加分分数、不当行为记录扣分分数以及平时成绩达标分数和满分分数;其三,体育课堂教学过程性评价方式设计,即采用多元化主体评价,如学生自评、互评和教师评价,并通过学生个人记录、学习小组记录、体育骨干记录或教师记录的方式,为学生建立平时成绩档案。

目 录

第一章　体育课堂教学设计概述 …………………………………（ 1 ）

　　第一节　体育课堂教学设计内涵 ……………………………（ 1 ）

　　第二节　体育课堂教学设计外延 ……………………………（ 7 ）

　　第三节　体育课堂教学设计特征 ……………………………（ 10 ）

第二章　体育课堂教学设计原理 …………………………………（ 14 ）

　　第一节　行为主义学习理论与体育课堂教学设计 …………（ 14 ）

　　第二节　认知主义学习理论与体育课堂教学设计 …………（ 19 ）

　　第三节　人本主义学习理论与体育课堂教学设计 …………（ 22 ）

　　第四节　建构主义学习理论与体育课堂教学设计 …………（ 25 ）

第三章　体育课堂教学设计流程 …………………………………（ 29 ）

　　第一节　肯普课堂教学设计模式 ……………………………（ 29 ）

　　第二节　迪克-凯里课堂教学设计模式 ………………………（ 31 ）

　　第三节　史密斯和拉甘课堂教学设计模式 …………………（ 34 ）

　　第四节　加涅学习信息加工教学设计模式 …………………（ 37 ）

　　第五节　以学习为主的体育课堂教学设计模式 ……………（ 40 ）

第四章　学生发展体育需求分析 …………………………………（ 48 ）

　　第一节　学生身体发展需求分析 ……………………………（ 48 ）

1

第二节　学生心理发展需求分析 …………………………………（ 56 ）

第三节　学生社会发展需求分析 …………………………………（ 59 ）

第五章　体育课堂教学目标设计…………………………………（ 62 ）

第一节　体育课堂教学目标设计概述 ……………………………（ 63 ）

第二节　体育课堂教学目标设计维度 ……………………………（ 67 ）

第三节　体育课堂教学目标表述方法 ……………………………（ 71 ）

第四节　体育课堂教学目标设计常见问题 ………………………（ 75 ）

第六章　体育课堂教学内容设计…………………………………（ 79 ）

第一节　纵向体育课堂教学内容的选择 …………………………（ 79 ）

第二节　横向体育课堂教学内容的加工 …………………………（ 84 ）

第三节　体育课堂教学内容设计的方法 …………………………（ 89 ）

第七章　体育课堂学习情境创设…………………………………（ 91 ）

第一节　深度性体育学习情境的基本理论 ………………………（ 91 ）

第二节　深度性体育学习情境创设与实施 ………………………（101）

第八章　体育课堂教学评价设计…………………………………（115）

第一节　体育课堂教学过程性评价标准研制 ……………………（116）

第二节　体育课堂教学过程性评价积分办法 ……………………（123）

第三节　体育课堂教学过程性评价方式设计 ……………………（126）

第九章　体育课堂教学设计示例…………………………………（129）

第一节　羽毛球正手击高远球课堂教学示例 ……………………（130）

第二节　体操手倒立课堂教学示例 ………………………………（138）

第三节　中华武术旋风脚课堂教学示例 ……………………（144）

　　第四节　篮球持球交叉步突破课堂教学示例 ………………（149）

第十章　体育课堂教学说课设计 ……………………………………（156）

　　第一节　体育说课概述 …………………………………………（156）

　　第二节　体育说课设计 …………………………………………（164）

　　第三节　体育说课示例 …………………………………………（171）

第一章 体育课堂教学设计概述

设计好一堂体育课,才能上好一堂体育课;上好一堂体育课,才能获得体育教育的成就体验,进而热衷于体育教育事业。体育课堂教学设计是一项复杂的系统工程,其主要任务是提供实现体育与健康课程目标的途径和方法,它不是一种直觉的冲动或经验的判断,而是一种理论与实践的统一,更是一种技术与方法的融合。其中,认识体育课堂教学设计的内涵、外延、特点及其流程,建构基于体育学科性质与特点的教学设计知识体系,是开展体育课堂教学设计的前提和基础。

第一节 体育课堂教学设计内涵

从逻辑学的角度来看,内涵是一个概念所反映事物的本质属性的总和。概念是人们对客观事物认识的总结,反映事物本质属性的思维方式[1]。人们认识和了解客观世界存在的万事万物,其实质就是认识事物的本质属性。换句话说,只有充分认识某一事物的本质属性,才能发挥事物本身对人和社会的效用。

一、设计

"设计"有安排、设想、计划、策划、打算的含义,通常被理解为按照任务的目的和要求,预先制定工作方案和计划,是设想、运筹、计划、预算的过程。《辞海》中解释"设计",为了解决一个问题,在开发某些事物和实施某种方案之前所采取的系统化计划过程。《现代汉语词典》中解释"设计",在正式做某项工作之前,根据一定的目的要求,预先制定方法、图样等。此外,国内外专家学者从不同的角度界定了"设计"的概念,表达了"设计"的不同含义,详见表1-1。

---

[1] 中国人民大学哲学院逻辑学教研室.逻辑学[M].第2版.北京:中国人民大学出版社,2008.

表1-1 国内外专家学者关于设计概念的界定

	专家学者	时间	概念界定
国内	尹定邦	2006年	设计就是设想、运筹、计划与预算,它是人类为实现某种特定目的而进行的创造性活动[1]
	金秋萍 陆家桂	2008年	设计是指把思想上的意图,某种计划、规划、设想和解决问题的方法,通过视觉语言传达出来,成为可见的内容[2]
	彭澎	2009年	设计是一种以人为主体,并有特定目标对象的创造性行为[3]
	杨先艺	2010年	设计是一种创造性行为,一方面,设计是一个有目的、有针对性的创造性活动,是一个思维过程;另一方面,设计是一个将思想、方案或计划以一定表现手段物化的过程[4]
国外	阿西莫夫	1962年	设计是面临不确定情形,其失误代价极高的决策
	阿切尔	1965年	设计是一种针对目标的问题求解活动
	迪尔诺特	1981年	设计是"一种社会—文化活动""一方面,设计是创造性的、类似于艺术的活动;另一方面,它又是理性的、类似于条理性科学的活动"
	迪特·兰姆斯	2009年	设计首先是一个思维的过程,一个流程,一种工作方法,以创造新的产品和新的意义

以上定义尽管从不同角度描述设计的内涵,但从中可以发现某些共同点:设计是人们为满足特定需要,精心制定、寻找和选择满意的备选方案的活动,而且这种活动在很大程度上是一种思维活动、问题求解活动和创新发明活动。所以,"设计"一词被广泛应用于各个领域,是各个领域工作中不可或缺的组成部分,如生活中常见的建筑设计、室内设计、服装设计、包装设计、产品设计、平面设计、网页设计、标识设计、研究设计以及教学设计等。尽管应用领

---

[1] 尹定邦.设计学概论[M].长沙:湖南科学技术出版社,2006.
[2] 金秋萍,陆家桂.现代设计解读[M].北京:中国轻工业出版社,2008.
[3] 彭澎.设计原理[M].北京:高等教育出版社,2009.
[4] 杨先艺.世界是设计的[M].北京:中国青年出版社,2009.

域不同，但"设计"的特性是一致的，即目的性、计划性、预先性、创造性和可见性。

首先，所有设计都具有一定目的，不存在没有目的的设计，目的既是设计的出发点，也是设计的归宿点，具体的目的可以是创造某种具有实效性的新事物、解决所面临的新问题，也可以是完成一项较复杂的活动任务。

其次，设计是按照一定计划系统进行的，而不是盲目的，计划可以详细也可以简略，但它是设计赖以开展的依据。

再次，设计都是在一项工作或活动正式开展之前进行的，是工作的预备阶段所要完成的任务，以使工作按照设计的方法、步骤、内容等顺利开展。

又次，设计应该有一定的创新性，而不是完全重复或模仿别人的方案，在这个过程中，体现了人的思维的创造性，设计者通常需要拟定多种可能方案，并从中进行决策。

最后，设计的结果应该是物化的、可见的，可以是一个草稿、图样，也可以是一份计划、方案等。通常情况下，如果目的是制作一个物品，设计的结果一般是草稿、图样、模型等；如果目的是开展一项活动或解决一个新问题，设计的结果一般是工作计划、解决方案等。

综上所述，我们认为，设计就是开展某项工作之前进行系统分析、规划、决策、制定并形成工作方案的过程。

二、教学设计

教学设计是20世纪50年代以后逐步形成和发展起来的一门新的技术性很强的应用学科。在现代社会，一般认为教学是通过信息传播，促进学生达到预期的、特定的学习目标的活动。这种活动是为了让学生知道原来不知道的知识，学会做原来不会做的事情，并发展智力、能力和素养。有人说："只要掌握了所教学科的内容，谁都会教。"这是把教学简单化了。实际上，教学是一个复杂系统，包含多种要素的排列组合。教学设计是面向教学系统，解决教学问题，有效达成教学目标的一种技术性较强的设计活动。它既具有设计的一般性质，又必须遵循教学的基本规律。关于教学设计的概念，不同专家学者从各自的研究视角给出了不同的定义，目前尚无统一的结论。国内外比较有影响的定义如表1-2所示。

表1-2 国内外专家学者关于教学设计概念的界定

	专家学者	时间	概念界定
国内	施良方	1994年	设计就是为了达到一定的教学目的,对教什么(课程、内容等)和怎么教(组织、方法、传媒的使用等)进行设计[1]
	乌美娜	1994年	教学设计是建立解决教学问题的策略方案、试行解决方案、评价试行结果和对方案进行修改的过程[2]
	顾明远	1990年	教学设计是对整个教学系统的规划[3]
	裴新宁	2005年	教学设计是设计教学目标、分析教学课题、设计教学内容、选择教学方法、对教学结果进行评价并在评价基础上修改教学方法的过程[4]
	何克抗	2006年	教学系统设计主要是以促进学习者的学习为根本目的,运用系统方法,将学习理论与教学理论等原理转换成对教学目标、教学内容、教学方法和教学策略、教学评价等环节进行具体计划、创设教与学的系统的"过程"或"程序"
	李龙	2010年	教学设计是依据对学习需求的分析,提出解决问题的最佳方案,使教育教学绩效得到改善的系统决策过程
国外	加涅	1997年	教学设计是一个系统化教学系统的过程,实质是应用系统方法,根据不同的学习结果类型创设不同的学习内部条件并相应安排学习外部条件,从而产生有效的学习效果
	帕顿	1989年	教学设计是设计科学大家庭的一员,设计科学各成员的共同特征是用科学原理及应用满足人的需要。因此,教学设计是对学业业绩问题的解决措施进行策划的过程

---

[1] 施良方.学习论[M].北京:人民教育出版社,1994.
[2] 乌美娜.教学设计[M].北京:高等教育出版社,1994.
[3] 顾明远.教育大辞典(第5卷):教育心理学[M].上海:上海教育出版社,1990.
[4] 裴新宁.面向学习者的教学设计[M].北京:教育科学出版社,2005.

（续表）

	专家学者	时间	概念界定
国外	瑞格鲁斯	1999年	教学设计是一门涉及理解与改进教学过程的学科。任何设计活动的宗旨都是提出达到预期目的的最优途径，因此，教学设计主要是关于提出最优教学方法的处方的一门学科，这些最优的教学方法能使学生的知识和技能发生预期的变化
	梅瑞尔	1996年	教学是一门科学，而教学设计是建立在教学科学这一坚实基础上的技术，因而教学设计也可以被认为是科学型技术。教学的目的是使学生获得知识技能，教学设计的目的是创设和开发促进学生掌握这些知识技能的学习经验和学习环境
	肯普	1994年	教学系统设计（教学设计）是运用系统方法分析研究教学过程中相互联系的各部分问题和需求，确立解决它们的方法步骤，然后评价教学成果的系统计划过程

综上，有的侧重强调教学设计的系统特征，有的突出教学设计的具体任务，有的强调教学设计的学科性质，有的则强调教学设计的本质等。但不论从哪种角度进行界定，它们的共同之处都是以促进学习者的学习和解决教学问题为目的，以学习理论和教学理论等为理论基础，以对教学活动的各个方面进行系统计划为任务，并以形成教学方案为最终结果。

基于以上分析，我们认为，教学设计是指教师以完成一定的教学任务和优化教学效果为目的，以教学系统及其活动为对象，运用系统方法分析教学问题和制约条件，选择并确定教学实施方案的过程。

三、体育课堂教学设计

体育课堂教学与其他学科教学有所不同，它主要是以身体运动为基本手段，促进学生身心全面协调发展的教育过程，其教学过程不仅是认知发展过程，也是身体活动过程。即体育课堂教学是在学校教育中，学生在教师有目的、有计划、有组织的指导下，以身体练习为基本手段，积极主动地学习体育知识、技能和方法，发展体育与健康学科核心素养的教育过程。

体育课堂教学设计是一门具有方法论性质的学科，其主要目的不是向教师提供教学方案，而是向教师提供制订教学方案的方法，为教师整合教学资源、科学配置教学过程的各个要素，形成一个最优化的教学问题解决方案或教学目标达成的思路及具体方法、程序。因此，体育课堂教学设计是实现体育教学最优化的前提，科学的体育课堂教学设计是保证体育教学质量的必备条件。

目前众多学者从不同的研究视角，以专业观点阐述体育课堂教学设计的概念，具体如表1-3所示。

表1-3 专家学者关于体育课堂教学设计概念的界定

专家学者	时间	概念界定
周登嵩	2004年	体育（课堂）教学设计是根据体育学科的特点，从体育教学系统的整体出发，综合考虑体育教师、学生、场地器材、体育教学环境以及要达成的教学目标等各方面因素，详细分析体育教学可能出现的问题，有针对性地设计出解决这些问题的教学行动方案，并在体育教学实施过程中评价行动方案的可靠性，同时做出修正，直到体育教学活动取得最优化的教学效果为止[1]
杨雪芹 赵泽顺	2014年	体育（课堂）教学设计是依据体育教育教学的基础理论、原理和规律，根据体育学科在不同学段各水平级的教育目标，运用系统方法分析特定教育情境中存在的教学问题，确定拟达成的体育教学目标，规划实现拟定目标的具体方案、试行方案，评价试行结果和修改方案的系统化过程[2]
舒盛芳 高学民	2018年	体育（课堂）教学设计以获取最佳体育教学效果为目的，以学习理论、教学理论、传播学理论和体育教学原理为理论基础，通过一套具体的操作程序来协调、配置体育教学过程中的各种要素（如体育教师、学生及教学内容、教学条件、教学目标、教学媒体、教学组织形式），以优化体育教学过程的一种设计活动[3]
查毅	2019年	体育（课堂）教学设计是一项以学习理论、教学理论、体育教学原理和传播学为基础，以提高体育教学效果为目标，通过系列程序和手段协调组织各项要素，以优化体育教学过程的一种研究工作和设计活动[4]

[1]周登嵩.学校体育学[M].北京：人民体育出版社，2004.
[2]杨雪芹，赵泽顺.体育教学设计[M].桂林：广西师范大学出版社，2014.
[3]舒盛芳，高学民.体育教学设计[M].上海：复旦大学出版社，2018.
[4]查毅.体育教学设计与实践研究[M].长春：吉林文史出版社，2019.

从以上专家学者对体育课堂教学设计概念的表述来看，虽然角度不同，但内涵阐释大同小异，梳理如下[1]：

首先，体育课堂教学设计是一个系统规划的过程。体育教学是一个由教师、学生、教材、教学目标、场地器材等要素组成的系统，这些要素在体育教学过程中彼此联系又各具特色，针对一个特定的共同目标发挥着各自的作用，组成了一个有机的统一体。体育课堂教学设计就是应用系统的方法研究、探索体育教学系统中各要素的本质联系，并通过具体的操作程序来协调、配置，使各要素有机结合，实现体育教学系统的功能。

其次，体育课堂教学设计的目的是探索和寻求解决一系列复杂的教学问题的最优化路径和经验的过程。

再次，体育课堂教学设计的结果是经过验证能实现预期功能的教学计划或方案，可以直接应用于教学过程，达成一定的教学目标。

最后，体育课堂教学设计是一种具有整合性、决策性、创造性的实践和研究活动。它既强调对体育学科中的基础知识、技能、经验、感受或体验的整合，也突出教师在设计实践活动中的决策能力和创新能力。

综上所述，我们认为，体育课堂教学设计是体育教师依据学生体育学习基础和发展需求，在对体育教学活动各个要素进行全面分析和系统优化组合的基础上，制订体育教学方案的过程。

第二节 体育课堂教学设计外延

外延是指一个概念所概括的思维对象的数量或者范围。就体育课堂教学设计而言，其实质是将教学系统的各要素优化组合，以有效率、有效果、地实现健身育人的体育目标。一般来说，体育课堂教学设计过程的共性要素主要包括学生发展需要分析、教学目标设计、教学内容设计、教学方法设计、教学媒体设计、教学过程设计、教学组织形式设计和教学评价设计。从教学设计与实施的流程来看，教学方法、教学媒体、教学过程和教学组织形式的设计可归纳为体育学习情境设计或创设。

---

[1] 查毅.体育教学设计与实践研究[M].长春：吉林文史出版社，2019.

一、学生发展需要分析

学生发展需要分析，是教师开展体育教学设计的逻辑起点，对学生情况掌握得越详细，就越能提高教学设计的针对性、有效性和可行性。教师在开展体育课堂教学设计时，应该比较全面系统地分析学习者的运动兴趣、需要和学习特征，了解学习者生长发育的规律与特点，分析学习者体育基础（运动技能、体能水平、身体形态）、学习者学习与生活环境等情况，为教学设计提供依据。

二、体育教学目标设计

体育教学目标是预期达到的效果或标准，是体育课堂教学设计与实施的行动指南。教师在开展体育教学目标设计时，应该从教育目的、体育课程目标、水平教学目标、学年教学目标、学期教学目标、单元教学目标的整体性与层次性进行分析，着重考虑课堂教学目标的行为、条件、标准等要素的确定和表述等。

三、体育教学内容设计

体育教学内容是实现教学目标的载体。教师在开展体育教学内容设计时，应遵循"目标引领内容"的原则，分析《体育与健康课程标准》规定的课程内容分布、特点、功能及重难点，确定各层级教学设计中所应选择的教学内容；遵循"运动技能形成规律"，将所学运动技能，按照从易到难、从简单到复杂的学习过程，安排在不同层级的教学计划中；遵循身体素质发展敏感期规律，将提高身体素质的相应练习安排在对应的年龄阶段；遵循学生发展体育核心素养规律，将学生体育品德与健康行为养成的内容融入体育教学实践活动。

四、体育教学方法设计

体育教学方法的选用，直接关系到教学的成败和教学效率的高低，是制订体育教学策略的重要内容之一。教师在开展体育教学方法设计时，需要详细分析现代教育背景与实际体育教学环境状况，分析教与学双方活动的特征，根据具体的教学内容，结合学生的学习特点（学习兴趣、动机、态度等），选择新颖、有趣、多样的教学方法和手段，以激发学生的学习兴趣；尤其要重视学生自主学习、探究学习、合作学习等新型教学方式在教学中的运用，以促进学生全面发展。

五、体育教学媒体设计

体育教学媒体是教学过程中不可或缺的要素之一，对教学效率效果的影响显著。教师在开展体育教学媒体设计时，首先要对场地器材、现代教育技术与手段以及相关教具等多种体育教学媒体的特性与效果进行分析，其次结合教学实际情况，选择优化教学媒体，确定体育教学媒体的使用策略与方法等。

六、体育教学过程设计

体育教学过程是课堂教学的核心，流程图可简洁地反映分析和设计体育教学的过程。体育教学过程不仅要有教师的"目标—策略—评价"，也要有学生的"活动—体验—表现"，同时还要有学生的主动参与和体验，让学生在观察、讨论、质疑、探究的情感体验中学习知识与技能，完善人格。

七、体育教学组织形式设计

体育教学组织形式是教学策略制订的重要内容之一，也是一堂体育课能否顺利完成的关键。教师在开展体育教学组织形式设计时，一方面要考虑教学活动过程中师生的组合结构方式，如集体形式与教师组合、个人形式与教师组合、小组形式与教师组合；另一方面要充分考虑教学活动的时间与空间，确定人员与时间、空间的"搭配"关系，以及逻辑顺序。

八、体育教学评价设计

教学评价是检验教学目标是否达成的重要手段，主要涉及两个方面的内容，一方面是学生学习效果的评价，另一方面是教学设计方案的评价。教师在开展体育教学评价设计时，要体现《体育与健康课程标准》的发展性评价理念,对"为什么评价、谁来评价、怎么评价"等问题进行系统回答。在学生学习效果评价方面,要考虑研制学生学习质量评价标准、评价手段和评价方式。在教学设计方案评价方面,要考虑教学活动信息评价与反馈的渠道,以及信息处理的方式方法。

第三节 体育课堂教学设计特征

体育课堂教学设计以体育教学过程为研究对象,对体育教学过程中可能产生的问题进行归纳、整理,提出科学有效的解决方案,并不断优化教学过程。因此,认识体育教学系统的特点是我们做好体育课堂教学设计的关键,从体育学科的性质来看,体育课堂教学设计的特点主要包括运动性、适应性、开放性、全面性和人本性。

一、运动性

体育学科与其他学科教学有着本质的区别。其他学科教学主要是通过大脑思维活动的认知方式获取知识、技能和情感的过程,而体育很大程度上是通过肢体运动的认知方式,形成运动技能,学习运动知识,养成运动习惯,健全人格品性,进而促进学生身心全面协调发展的教育过程。因此,在教学设计时,教师要充分了解和认识学生身体生长发育的规律和特点,包括学生身体运动的生物节律、身体形态的变化规律、身体运动动作发展规律、身体运动技能形成规律,以及运动技能与健康知识、健康行为、体育品德之间的逻辑关系。在此基础上,充分利用体育教育本身的竞技性、娱乐性、技艺性、社会性、生活性和超越性的特点,针对学生身心发展的需要,选择加工体育教学内容,丰富体育教学组织形式,灵活运用各种体育教学方法,调动学生参与体育的动机,激发学生参与体育运动的兴趣。以运动技能学习为例,学生要通过动作模仿—整体练习—分解练习—整体练习,经历运动技能的认知定向、联系形成、自动化三个阶段后,才能熟练掌握一项运动技能。在这个学习过程中,学生也会经历各种情感体验,如坚持与放弃、认真与懈怠、果断与犹豫、合作与独立、成功与失败等。因此,好的教学设计与实施方案不仅要考虑学生的身体直接参与性,还要考虑学生学习过程中的心理变化和情感体验。

二、适应性

从人体机能对外加适宜负荷的适应性机制来看，在负荷保持一定程度的条件下，机体的应激会产生一系列变化，通过改变内部代谢和外部表现，最终形成适应性变化。如通过科学的力量训练，机体的肌肉力量和骨骼密度都会显著增强。因此，在教学设计时，要使学生身体承受一定的负荷。但需要注意的是，负荷不能过大或过小，过大会导致机体劣变性，过小会导致训练无效性。研究指出，"儿童、青少年学生持续运动的时间要占一堂课总时间的75%左右，平均的运动心率要达到140~160次/分钟，每堂课要有10分钟左右的体能练习"[1]。在体育课堂教学结构设计中，要根据人体生理适应性与活动能力变化规律来合理安排课堂结构、运动负荷和间歇时间，具体内容如下：第一，当身体承受负荷时，体内异化作用增强，能量储备下降；当调整和休息时，同化作用增强，能量储备上升；当进一步调整和休息时，能量恢复超过原来水平。第二，人体机能活动能力是逐步进入工作状态的，经历逐步上升—到达一定高度—逐步下降的过程。因此，目前体育课堂教学结构一般由准备部分、基本部分和结束部分构成。准备部分的主要目的是热身，为运动技能学习和高强度体能训练做准备，大约10分钟；基本部分一般以运动技能学练与体能训练为主，大约25分钟；结束部分主要是放松，大约5分钟。

三、开放性

体育教学一般在户外进行，具有一定的开放性，受诸多因素影响，如天气、场地、设施、周边环境等。除此之外，在户外教学过程中，也会因班级规模较大，增加了教学组织与管理的难度，如队列队形调动、学练组织、学生学习行为引导与控制等。针对以上情况，教师在进行教学设计时，应注重整体的体育教学组织与管理设计。一方面，研制切实可行的教学计划，充分考虑当地气候、周边环境和学校场地设施，研制水平教学计划、学年教学计划和学期教学计划；另一方面，构建长期稳定的课堂常规，教师与学生一起制订课堂常

---

[1] 苏坚贞，季浏．基于中国健康体育课程模式的"运动密度"概念探析[J]．首都体育学院学报，2019，31（5）：406-416．

规，通过教师引导，采取开放、民主的方式与学生达成契约，规范学生课堂学习行为，调动学生参与教学的积极性、主动性和创造性。例如，规定课堂优秀行为，包括技能展示、知识竞赛、学练分享、合作学习、优秀品质表现等；明确规定课堂的不当行为，包括迟到、早退、课堂走神、失信、失礼等违规行为。采用"积分制"管理办法，记录学生的课堂行为表现。此外，教师还要不断进行教学行为反思与改进，总结成功经验，改进不足之处，提升自身的教学素养，积极主动地应对体育教学环境的户外性、复杂性和多变性。

四、全面性

体育作为教育的重要组成部分，从小学到大学，学生的学习从没离开过体育，体育也自然地成了学生生活的一部分，对学生的体质健康、卫生保健、生活习惯、个性心理和社会性发展等方面，都会产生重要的影响，承载着促进学生身心全面协调发展的使命和责任。因此，体育教学不仅是一个向学生传授体育知识、增强体质和训练技艺的学科教学过程，而且是一个促进学生全面发展的教育过程。在这个过程中，体育知识与技能作为教育的载体，它是必要的，但不充分。在教学设计时，教师要在学生学习、理解体育知识与技能的基础上，关联学生学习与生活实际，使学生在真实复杂的学习情境中，运用所学的体育知识与技能，以及跨学科知识与技能、常规思维和非常规思维分析解决实际问题，以发展学生的批判性思维、创新能力、合作精神和交往技能等认知策略。例如，水平一的篮球教学，拍球、运球、投篮技术及相关知识是教学的载体，应用范围相对狭窄，通常情况下，教师会通过游戏和教学比赛，帮助学生掌握技术技能，尽管提升至应用层面，但仍然没有离开学科教学。从"育人"的角度出发，篮球教学对水平一学生发展最重要的是手、眼、脚协调能力和协同配合的体育品格，通过设计生活中常见的实物抛接活动，可以有效地帮助学生检验运动能力的提升程度，引导学生对体育知识与技能的实践应用和迁移创新。

五、人本性

体育学科内容非常丰富，但比较松散，按照其自身的学科逻辑体系，很难实现大中小学体育课程内容一体化。经过学术界多年探索，目前基本达成共识，体育具有属人性、人为性和为人性的特征，人在运动过程中保持着主客体的同一性。因此，依据人的生长发育规律和特点，体育教学内容可以分为动作发展、基本运动技能、运动素质、专项运动技能及相应的体育知识各类内容具有紧密联系和依附关系。如1～12岁是儿童基本运动技能形成的关键阶段，其中1～7岁为基本运动技能形成阶段，7～12岁为基本运动技能运用阶段，儿童只有在此年龄段，掌握并运用基本运动技能，才能更加灵活适应和学习后期各种运动项目，对抗复杂的运动环境[1]。在开展教学设计时，除了遵循教学内容选择与加工的一般原则，如科学性、实用性、有效性、多样性和生成性原则，还要遵循体育教学内容为人性原则，即充分考虑学生动作发展、运动素质、运动技能、体育品格、健康行为促进的敏感期，有针对性地选择加工教学内容。在这方面，上海市教委走在了改革的前沿阵地，早在2011年，就发布了《中共上海市委、上海市人民政府关于切实提高青少年身心健康水平实施学生健康促进工程的通知》（沪委发〔2011〕15号），建立科学完善的学校体育教学体系，即"小学体育兴趣化、初中体育多样化和高中体育专项化"试点学校，经过多年的实践探索，已经取得了有目共睹的教学效果。

---

[1] 马瑞，宋珺. 基本运动技能发展对儿童身体活动与健康的影响[J]. 体育科学，2017，37（4）：54-61，97.

第二章 体育课堂教学设计原理

理论是关于客观世界规律的理解和论述,它源于实践,并通过实践检验得到证明,同时又在实践中不断地改进和完善。理论是实践的前提,只有科学合理地运用理论来指导实践,才能避免犯经验主义错误,客观理性地分析问题、解决问题。关于体育课堂教学设计所涉及的学科理论,主要包括系统理论、信息传播理论、管理学理论、教学理论、生理学理论、心理学理论和现代学习理论。其中与体育课堂教学设计联系最为紧密的是现代学习理论,它是专门研究学生学习的本质及其规律的学问,尤其是有关学生学习认知心理过程及行为特征的研究成果,与教学设计的模式、程序、要素、原则和方法等有着密不可分的联系,是开展教学设计最重要的理论基础。

就体育而言,最新研究成果表明,体育教学不是单纯以身体运动为基本手段,传授知识、训练技艺和增强体质的过程,而是一个促进学生身心全面协调发展的过程,而学生的全面发展是知识与技能、过程与方法、情感态度与价值观教育共生的结果[1]。因此,要确保有效率、有效果地达成体育教学目标,开展体育课堂教学设计的前提和基础是了解和认识学生学习体育的本质及规律。

现代学习理论在不断发展与进步的同时,也产生了许多不同的观点,形成了不同的流派。其中影响力较大的学习理论流派有行为主义学习理论认知主义学习理论、建构主义学习理论和人本主义学习理论。每个理论流派各有优点和缺点。实践证明,以任何单一的视角检视教育理论都是孤立的、片面的,都是极其不可取的,都会产生理论上教条式的囫囵吞枣和实践上机械式的"邯郸学步",致使理论无法形成整体的、宏观的集合[1]。

第一节 行为主义学习理论与体育课堂教学设计

行为主义心理学产生于20世纪初,流行于20世纪50年代的北美,形成了以

---

[1] 张振华.体育教学策略与设计[M].北京:北京师范大学出版社,2012.

桑代克、斯蒂芬斯为代表的联结主义，以华生、格里思为代表的经典性条件反射主义，后期出现赫尔的习惯形成说、斯金纳的操作性条件反射说等流派，力图使行为主义学习理论更符合实际学习活动。

一、行为主义学习理论的基本观点

行为主义学习理论中的联结学习论、试误学习论、经典性条件反射学说和操作学习论等理论对体育课堂教学设计具有重要的理论指导与实践意义。行为主义学习理论认为，人的行为都是后天习得的，环境决定了一个人的行为模式，学习就是"环境刺激—行为反应"之间的联结，是一个行为不断修正的过程，侧重于学习者行为习惯的培养、塑造和矫正；学习是人在活动中受外在因素的影响，获得或改变行为的历程；学习的产生是外控的，学习的保持是强化的结果，以批评表扬和榜样赞赏为有效教学的出发点和基础，强化学生的优良行为，消除不当行为；以提供和创设适宜的教学条件为有效教学的实质和核心；学习的结果是可观察和可测量的外显行为。

二、运动技能教学设计的启示与应用

运动技能是指人体掌握和有效完成专门动作的能力，是在大脑皮质调节下不同肌肉群间的协调性，即指在空间内正确运用肌肉工作的能力。行为主义学习理论能够准确地解释说明运动技能的形成和发展过程，即运动认知与定向阶段、联系形成阶段和自动化熟练阶段，其实质就是一套环境刺激—行为反应的运动链联系系统。在不同阶段，采用的练习方法或外部干预措施是不一样的。

（一）运动技能形成各阶段特征及练习方式

1. 认知定向阶段

初步领会运动技能的基本要求，掌握运动技能的主要动作或局部动作；学生注意范围比较狭窄，精神和全身肌肉紧张，动作忙乱、不协调，出现多余动作，不能察觉自己动作的全部情况，难以发现错误。教师经常采用的练习方法有模仿练习、分解练习、突出重点练习、降低难度练习等。

2. 联系形成阶段

学生通过反复练习和对动作的深入理解，知觉过程日趋完善准确，注意范围逐渐扩大，肌肉运动感受性逐渐提高，形成动作的视—动联合表现，视觉对动作的控制作用逐渐减弱，肌肉运动感觉对动作的控制作用逐渐提高，过度的肌肉紧张和多余动作逐渐消失，动作变得更准确，协调性、稳定性和灵活性加强，动作速度加快。但遇到意外事件或特殊场合时，又会出现多余动作，甚至出现错误动作。教师经常采用的练习方法有完整练习、组合练习、变换练习、负荷量大的重复练习。

3. 自动化熟练阶段

运动技能的动作系列已经联合成为一个有机的整体并巩固下来。动作结构上的不协调现象消失，动作的连贯性、整体性、精确性加强，多余动作消除。学生注意范围扩大，注意分配能力提高，动作过程中视觉控制作用大大降低，视觉控制主要转向动觉控制，动作主要依靠本体感受器的反馈机制来调控，意识对动作的调解作用大大降低，似乎不需要有意识控制，完成非常流畅稳定、协调有力，并达到自动化程度。教师经常采用的练习方法有变换练习法和循环练习法。

（二）体育课堂教学设计体现

1. 教学目标设计应体现阶段性

教师应该全面考虑学生学习的起始状态、运动技能的难易程度以及所处运动技能学习的哪个阶段，可以针对不同的学习阶段设计难度不同的教学目标。如认知定向阶段的教学目标要求不宜过高，重在增加学生的成就感，注重学生情感、态度等方面的提高。联系形成阶段的教学目标要凸显运动技能的强化，以运动技能的学习带动学生在体能、心理、社会适应等方面目标的实现。自动化熟练阶段的教学目标要以运动技能的灵活掌握为载体，协同体能、心理健康和社会适应能力等共同发展。

2. 教学情境设计应体现有序性

教师要明白不管处于运动技能学习的哪个阶段，教学内容的设计都要层层递进，由易到难，沿着建立正确的动作表象和概念→完整学习动作技能→简单应用→复杂应用的顺序来安排教学内容。在教学方法设计中，认知定向阶段要以讲解与示范、借助教学媒体等为主，而自动化熟练阶段要以合作学习法、竞赛法等为主。但需要强调说明的是，认知定向阶段也可以组织简单的竞赛，自动化熟练阶段也要用讲解与示范。总之，教学方法要能使学生快速有效地掌握运动技能，并运用到实战比赛中。教学媒体则可以运用在各个不同的阶段，通过借助教学媒体为学生创设不同的适合学习的新颖情境，增强学生的学习兴趣。

3. 教学过程应体现针对性

教师要明确学生学习的难点与易犯错误，提出解决策略，哪些学习活动需要集体纠错，哪些学习活动需要个别纠错，充分发挥纠错与指导的针对性。另外，运动负荷也要根据运动技能形成的不同阶段来设置。如认知定向阶段运动负荷不应过大，过大的运动负荷不但不会增加学生的学习兴趣，反而会使不正确、不协调动作重复出现，从而降低学生的自信心。教学过程中注意观察和了解学生主体的感受，依据学生运动技能形成过程中存在的问题，分层分类，选用多样化的学练方法，并及时反馈学生学练的成果，激发学生学习的积极性。

4. 教学评价设计应体现多元性

教师要将学生在课堂或比赛中展现的参与度、场上动作技能综合表现、团队合作意识等作为评价指标，运用多维评价指标对学生进行评价，激发学生学习的持久性，注重学生多元、全面发展。运动技能学习前期不要过多地关注学生运动技术细节的掌握情况，要侧重于关注学生运动技能学习的情感、态度等。

三、成功体验式体育教学设计的启示与应用

以行为主义学习理论引导体育教学设计，可以将学习目标分解成很多小任务，并且一个一个地予以强化，帮助学生尽可能做出正确反应，使错误率降低到最小限度，从而提高学习效率。

成功体验式体育教学设计以行为主义"刺激—反应"的强化学习理论为指导，把教学看作一种行为不断修正的过程，着重强调学习者行为习惯的控制和培养。它也认为学习的产生是外控的，学习的保持是强化的结果，学习的结果是可观察和可测量的外显行为。不同的是，成功体验式体育教学设计是以教学手段和组织措施为强化要素，使每一个学生不断体验自我超越的快乐感觉，完

成个体学习目标，实现教学任务。它包括以下三个方面：一是通过教学组织的趣味性的刺激让学生愿学、乐学、想学；二是通过教学组织由低到高的不断成功体验使学生学得有趣、学有所成、学有提高；三是充分体验运动后的酣畅淋漓的快感和学习成功后的喜悦感。具体的体育教学设计方法和案例如下：

1. 降低难度法

如初学排球发球时，不要让学生站在发球线后，可适当站在场地内进行发球练习。同样，初学篮球投篮也不要让学生站在罚球线，可根据学生情况适当缩短距离，这样有助于学生完成动作。在排球教学中，面对2.43米的网高，很少有学生能成功地学会扣球，而适当地降低网高，将会出现另一番景象。同样的道理，在耐力素质练习（12分钟跑）中，从最初的6分钟计时跑起步，每次课2分钟递增，让耐力素质最差的学生也能坚持跑到底，最终12分钟跑测验成绩普遍令人满意。体育教学无须用"教练员的眼光"看待学生，只有让学生通过自身点滴的成功，来换取对体育的爱好并充满乐趣地投身到日常的锻炼中，而这种成功心理的获得，则意味着其已经自发地调动各种内在的积极因素向成功的方向努力[1]。

2. 不平等竞赛法

在比赛和游戏中，对不同水平的学生提出不同要求，使大家只要全力以赴地去参加比赛均有获胜机会。例如，进行带有比赛性质的立定跳远练习时，计分办法是每跳超过个人最好成绩得3分；等于个人最好成绩得2分；低于个人最好成绩得1分，跳几轮后按个人累积分评出优胜。又如，排球课进行2人一组传垫球比赛，技术好的小组传4次得1分，技术稍好的小组传2次得1分，技术差的小组传1次得1分。

3. 层次教学法

在体育教学中采用"层次教学"，既考虑到了个别差异，又能促进个体最充分发展。跑是体育教学的重要内容，是速度加意志的锻炼。如何提高各层次学生的学习兴趣并完成教学任务，达到预定的教学效果呢？在短跑教学中，可采用"接力赛""追逐跑游戏""不同距离的加速跑"等内容，激发学生学

---

[1] 张振华.体育教学策略与设计[M].北京：北京师范大学出版社，2012.

习积极性。在长跑的过程中，根据不同层次体能学生的学习水平，设计分层次的练习要求，把学校操场划分为不同距离的区域或确定不同距离作为各层次学生的练习目标，打乱原班组队伍，让同一层次的学生组队，看每个层次中的同学谁跑得最快、完成任务最好，激发学生的学习积极性。在跳高课教学中可采用圆形教学法，从圆心向圆周、由低到高拉了4条（可增减）不同高度的橡皮筋，让学生根据自己的水平自由选择练习地点，跳过一个高度以后可以向前进一个高度继续练习。另外，在沙坑里也设置跳高架，跳过四个高度的学生去沙坑练习，横竿可以随意增减。用这种方法可以激发各层次学生的学习积极性，他们在第一高度练习中能瞄准下一个高度，在完成第二个高度的练习后接着向下一个高度冲击[1]。

大量研究表明，通过奖励分数，使学生获得自我超越的成就体验的方法，在低年级比高年级更有效，但使用这种方法，对教学场地与器材要求较高，要能满足不同学生学习体育的需求。

成功体验教学设计方式，第一，要明确区别对待、因材施教的指导思想；第二，起点要低，降低难度，由易到难、由简到繁，逐层递进，切记不可急于求成；第三，恰当使用"积分制"，便于为学生学习进步提供客观公正的评价；第四，研制"积分制"评价标准，便于学生自评、互评与教师评价。

第二节 认知主义学习理论与体育课堂教学设计

认知主义学习理论流派产生于20世纪60年代。第二次世界大战之后，信息时代及知识经济时代的来临，更加强调对于人们的信息选择、接受，以及信息编码、存贮、提取与使用过程的研究。这些实际的社会需要，直接刺激了认知学习理论的产生与兴起。认知心理学先后经历了传统认知心理学和现代认知心理学两段历程。以传统心理学为基础的认知学习理论包括：以格式塔心理学为基础的顿悟理论，如科勒的学习论；以场心理学为基础的认知场学习论，如勒温的学习论；以现代认知主义心理学为基础的认知学习论，如皮亚杰的建构主义学习论、加涅的基础信息加工理论的信息加工学习论、布鲁纳的认知结构学习理论、奥苏贝尔的认知同化学习理论。

---

[1] 张振华.体育教学策略与设计[M].北京：北京师范大学出版社，2012.

一、认知主义学习理论的基本观点

学习是学习者内部心理结构的形成和改组，而不是简单的环境刺激—行为反应联结的形成或行为习惯的加强或改变，探讨的主题是"教"中学习者内部心理结构发生的性质以及学习操作获得的认知结构的迁移。

学习者获得的知识都是建立在他已有认知结构基础上，学习是"认知结构"的重组，学习过程就是学习者积极主动建构知识的过程，是新旧知识相结合的过程，即同化过程，这个过程伴随着学习者意义学习、接受学习和发现学习。

认知学习理论致力于研究"教"如何影响学生学习认知的接受与操作，把课程内容分解成小单元，然后按逻辑排列，通过制定的步骤，便能使学生达成目标。

认知主义学习理论以认知结构学习理论、发现教学法、有意义的学习为核心，强调"以教定学"，认为成功教学设计包括以下五个方面：事先安排学生学习的最佳经验；为最佳理解提供的一种知识结构；提示所学材料的最佳顺序；能恰当利用成功与失败、奖励与惩罚的作用；在学习环境中激发思想的程序。

二、发现式体育教学设计的启示与应用

认知主义学习理论强调学生的认知、意义理解、独立思考等意识活动在学习中的重要地位和作用；从人的理性角度对感觉、知觉、表象思维等认知环节进行研究，去揭示人的学习心理发展的某些内在机制和具体过程；重视人在学习活动中的准备状态，即知识水平、认知结构、非认知因素与学习活动本身带来的内在强化作用。强调通过发现学习来使学习者开发智慧潜力，调节和强化学习动机，牢固掌握知识并形成创新的本领。因此，教师最重要的任务是帮助学生促进身心全面协调发展，教学生如何思维，如何从求知活动中发现原则和方法，从而整理综合，组织成属于学生自己的知识经验。

"发现式体育教学"，也称"启发式体育教学"，是指教师在运动技能教学中，在初步进行尝试性练习的基础上，设置一些学习事实（或事例）和问题，让学生积极思考讨论，通过"学中做"，依靠学生自己获取新的适应和解决问题的方法，从而进行更有效的运动技术学习，更快地掌握运动技能。

例如，篮球的发现教学设置，如运球上篮为什么"一大二小，三高跳"；

交叉步上篮与同侧步上篮的不同与运用；双手胸前、单手肩上、反弹传球的不同与运用；防守有球与无球的不同与运用；不同掩护的区别与运用；2—1—2与2—3联防与进攻的不同与运用。与传统教学相比，该模式的最大特点在于改变了学生在教学活动中的被动地位，使学生在主动观察、判断分析、归纳等解决问题的基础上，了解学习运动技能的意义，产生主动学习的动力。

发现式体育教学设计，首先适用于成熟型教师，要求教师具有丰富的教学经验和较高的教学水平；其次是相对适用于高年级学生，要求学生具备一定的认知基础和学习能力；最后是适用于大单元教学，要求教学学时充足。此外，教师还可以通过发现式学习为学生布置课后作业。

在学生探究过程中，教师要从学生好奇、好问、好动的心理特点出发，激发学生内在学习动机，帮助学生形成丰富的想象，切忌过早指导学生，告诉学生正确答案，要尽量设计各种方法，创设有利于学生发现、探究的学习情境，使学生学习成为一个积极主动的"索取"过程，从而充分调动学生掌握探究、猜测、发现和验证的积极性。

三、领会式体育教学设计的启示与应用

领会式体育教学设计，立足于"为应用而教"的原则和方法，从运动技能整体性应用介绍切入教学，引导学生在领会知识特性和发展认知经验的基础上，让学生自己发现完善整体任务所需完成的子任务。在掌握完成各级任务所需的各种知识技能（细节或要点）的基础上，使学习者重构的知识更明确、更系统，一般运用于动作技能形成的自动化熟练阶段，有一定的运动认知和技能基础，例如，在快速跑学习中，教师首先让学生带着问题练习，然后提出为什么有的同学跑得快，有的同学跑得慢，让同学们先总结，再练习，再总结，在做中不断改进与提高，从而完成学习目标。

领会式体育教学设计立足于学生在实践经验中（领悟时刻）发现问题，再施以有效的教学方法，从而激发学生主动学习的积极性，因而有助于提高学习的效率，使教师为掌握而教，学生为掌握而学，真正享受和体验体育运动的乐趣和体育学习的意义。

领会式体育教学设计在适用教学对象方面，适用于高年级学生，如初中以上的学生；在教学内容方面，更适用于复杂的运动技能，在自动化熟练阶段的教学。

领会式体育教学设计强调"做中学"，与发现式体育教学设计的"学中

做"的不同之处是，前者通过应用引导学生学习，而后者通过发现引导学生学习。前者是先尝试、后领会，在尝试中领会运动技术的重要性，一般情况下，教师采用先完整再分解的教学方式，或者以竞赛的形式开展教学组织活动，让学生在实践中领悟运动技术的重要性，激发学生求知欲，再回头学习技术，形成技能。而后者更适合在运动技能形成的认知定向阶段、联系形成阶段的教学中应用，教师通过创设教学情境、提出问题，学生自主寻找答案，尝试验证答案，而获取知识的过程。

第三节　人本主义学习理论与体育课堂教学设计

人本主义学习理论产生于20世纪70年代，以马斯洛（Maslow）、罗杰斯（Rogers）为代表。他们在人本主义心理学方面取得了非凡的成就，充分肯定了人的尊严与价值，主张人性，追求自我实现，为心理学开辟了一个新的研究领域。强调以个人的主观意识与经验为研究主题，因为决定个人行为的动力是内在的意识经验与动机，而非外在的刺激或潜意识本能。人本心理学家对人性抱着积极的态度，认为人类具有实现自己性向及潜能的倾向，是人为主动的、理性的、成长的，其最终目的是追求有价值的目标，实现自己的各种潜能。

一、人本主义学习理论的基本观点

人本主义学习理论认为，人生来就有学习的潜能，学生是学习的主体，注重个性学习力的培养。倡导学习的关键在于使学习具有个人意义，现代社会中最有用的学习是了解学习过程，促进认知和情感的统一，以培养出完整的人。

以人本主义心理学和学习论为基础，人本主义理论认为：课程是满足学生生长和个性整合（包括思想、情感和行为的整合）需要的自由解放的过程；课程的目标既不是教学生学会知识技能，也不是教学生学会怎样学习，而是为学生提供一种促使他们自己去学习的情境；课程的核心是促进个体自我的实现，选择的课程内容必须与学生所关心的事情联系起来，并允许学生探索自己所想的、所关心的事情；课程的类型提倡合成课程，即通过把情感因素融入常规课程，赋予课程内容个人意义，以实现情感领域与认知领域的整合；课程的重点从教材转移到个体身上，教材的呈现并不重要，重要的是引导学生从教材中获取个人的意义。

二、主体式体育教学设计的启示与应用

人本主义学习理论，强调为学生学习与发展提供有意义的学习情境，即学生学习不仅是一种增长知识的学习，而且是一种与每个人各部分经验都融合在一起的学习，是一种使个体的行为、态度、个性以及在未来选择行动方针时发生重大变化的学习。教师的主要任务是为学生创设有意义的学习情境，协助学生学习，发展人性，促进学生自我实现。

主体式体育教学设计是指体育课堂教学要充分体现学生的主体地位，即在体育教学设计时，要充分了解学生、尊重学生、相信学生，满足学生发展的需要，关怀学生的生命健康，激发学生学习兴趣，调动学生学习的积极性、主动性和创造性，促进学生身心全面协调发展。具体在体育教学设计时，体现如下：

首先，了解学生身心发展的规律和特征是体育教学设计的起点。例如，不同学段学生身心发展规律和特征不同，体育教学目标和内容也不相同，尤其是儿童青少年时期，是基本运动技能、运动素质和专项运动技能发展的关键时期，如果错过了相应的关键期，所对应的运动能力发展就很难达到理想水平。此外，还要深入了解学生的内心反应，并设身处地地站在学生的立场上了解学习的过程。

其次，尊重学生、相信学生，满足学生发展的需要，关怀学生的生命健康，激发学生学习兴趣，调动学生学习的积极性、主动性和创造性是设计体育教学过程应满足的基本要求。例如，尊重个体差异，因材施教，实施个性化教学；相信学生学习的潜能和自我发展的能力，为学生提供选择自己适用的学习方式和学习的机会，或为学生创设独立完成或小组合作完成的学习任务。

最后，促进学生身心全面协调发展，是体育教学的最终目的。在教学设计时，体育教师需要转变观念，从"传授体育知识、训练技艺、增强体质"向"发展学生核心素养"转型，从传统以"教"为主的范式向核心素养导向下以"学"为主的范式转型。以立定跳远为例，以"教"为主的范式，强调学生运动认知和运动技能的掌握程度，而核心素养导向的以"学"为主的范式，关注的是立定跳远教学能够实现的"育人"价值，即能够给予学生适应未来社会发展和个体终身发展所需要的关键能力和必备品格。其中，关键能力是发展学生的下肢力量，必备品格是培养学生自尊自信、锤炼意志的体育品德。具体来说，立定跳远作为教学内容是一项运动技能，作为一项技能其应用的时间和空间相对有限，而通过立定跳远的深度学习与相应的体能训练发展的下肢力量及自尊

自信、锤炼意志的体育品德却伴随学生一生，受益终身，且应用广泛。

主体式体育教学设计的思路与方法，更多的是一种教学观念的体现，关键需要体育教师明确学生的主体地位。作为一种整体的教学观，它适用于各个学段、各个教学要素、各个教学环节的设计。

以学生学习与发展为中心，并不是指学生想干什么就干什么、想怎么样就怎么样，教师要以体育基础理论知识与基本技术技能为载体，在学习理解的基础上，尊重个体差异，分层分类，因材施教，为学生提供实践应用、迁移创新的学习情境，培养学生主动学习意识、参与教学能力、合作精神以及道德品质。

三、隐蔽式体育教学设计的启示与应用

人本主义学习理论认为，教育教学要尊重学生，把学生视为学习活动的主体，重视学生的学习意愿、情感需要和价值观，相信正常的学生都能自己指导自己，激发"自我实现"的潜能，同时，强调学习环境对人的潜移默化、润物无声的影响作用。

隐蔽式体育教学设计是指以"人文关怀"为导向，以学校体育的精神文化、行为文化、制度文化和物质文化为载体，通过植入一定的教育元素，实现"文化育人"教育的方式方法。作为一种文化育人的载体，它无时不在，无处不在，涉及学校体育文化建设的方方面面，哪怕是一块场地，一件体育器械，当通过教师精心设计，植入一定的教育元素之后，它就会从一个没有生命的物体，变成一个能够诉说体育理念、体育精神、体育价值的教育者，并以"潜移默化、润物无声"的方式影响每一个学生[1]。因此，在教学设计时，教师应明确"文化育人"的指导思想，将有利于学生学习与发展的教育元素，植入教学理念、教学行为、课堂规范和体育场地设施，例如，武术教师将传统武术的核心价值"仁、义、礼、智、信"融入师生的言行举止，培养学生诚实守信、社交礼仪、尊敬师长等传统美德；体育教师通过组织授课班级学生设计体育口号、吉祥物、标识等，激发学生体育学习兴趣，提升班级凝聚力；体育教师通过民主开放的方式与学生达成课堂教学行为规范的契约，将冰冷、僵化的制度约束转化成学生自觉遵守的行为准则等。

隐蔽式体育教学设计适用于各学段学生，但对体育教师人文素养要求较

---

[1] 徐伟.高校校园体育文化建设及其育人的内在机理分析[J].北京体育大学学报，2015，38（1）：94–99.

高，要求体育教师具有一定的学生主体意识、创造能力、艺术设计能力等，并需要学校各方面积极配合。

人在创造文化的同时，文化也在影响着人。在开展隐蔽式体育教学设计时，教师首先要从人文关怀的角度出发，理解学生、尊重学生，满足学生发展的需要，关怀学生的生命健康，有针对性地植入教育元素，才能有效地促进学生与学校体育文化互动，并以暗示、模仿、从众和感染的方式，使学生获得适应性变化。

第四节 建构主义学习理论与体育课堂教学设计

建构主义学习理论流派产生于20世纪90年代，以建构主义心理学为基础，在批判了行为主义和前认知主义的学习论思想和观点的同时，吸收了杜威的经验性学习论、维果茨基（Vygotsky）的发展学习论、皮亚杰的建构主义学习论、布鲁纳的认知结构学习论、奥苏贝尔的认知同化学习理论以及认知心理学中的图式论研究等，在大综合、大发展的基础上，形成了建构主义学习理论。

一、建构主义学习理论的基本观点

建构主义学习理论认为，学习是学习者主动建构知识的意义，生成自己的经验、解释、假设。世界是客观存在的，但是对于世界的理解和赋予意义却是由每个人自己决定的。学生以自己的经验为基础来建构现实，或者至少说是在解释现实，每个人的经验世界是用自己的头脑创建的。由于每个人的经验以及对经验的信念不同，对外部世界的理解便也迥异。可见，学习是学生主体对学习客体的主动探索、不断变革，从而建构对客体意义理解的过程。因此，信息技术和课堂教学的融合应注意促进学生的有意义建构，启发学生自主建构知识结构。

建构主义教学理论认为，知识不是东西，学习也不是接受东西，那么，教学就不是传递东西，而是创设一定环境和支持，促进学习者主动建构知识的意义。由于知识的动态性和相对性以及学习的建构过程，教学不再是传递客观信息而确定的现成知识，而是激活学生原有的相关知识经验，促进知识经验的"生长"及学生的知识建构活动，以实现知识经验的重新组织、转换和改造。学生是意义的主动建构者。因此，在教学中应充分发挥学生主体地位，强调学生的自主性和能动性，在学习中主动发现、分析、解决问题。

建构主义学习理论认为，学习者的知识是在一定的情境下，借助他人的帮助，如人与人之间的协作、交流、利用必要的信息等，通过意义的建构而获得的。理想的学习环境应当包括情境、协作、交流和意义建构四个部分。其中，学习环境中的情境必须有利于学习者对所学内容的意义建构；协作应发生在学习过程的始终，包括学习资料的搜集与分析、假设的提出与验证、学习效果的评价、意义最终建构；学习小组成员之间必须通过会话商讨完成规定的学习任务；在学习过程中，帮助学生建构意义就是要帮助学生对当前学习内容所反映的事物的性质、规律以及该事物与其他事物之间的内在联系达到较深刻的理解，这种理解在大脑中长期储存的形式就是"图式"，也就是当前所学内容的认知结构。

二、小组学习式体育教学设计的启示与应用

建构主义学习理论指出，学生学习不应仅仅是强调个体身心活动的特征，更应兼顾个体与群体之间的协商、互动、合作与讨论。学生的课堂学习不能简单地归结为知识、技能的教学和训练，而应该看成一个微型的社会，课堂教学是活生生的社会活动。从有意义学习的立场出发，注意促进学生与环境交互的迁移和连接之间的互动，改变过去仅仅局限在学科知识的传授、课堂技能训练层面的弊端，我们要走出当前学校体育单一技艺系统复制的狭隘框架，走出只能培养出体育的"勇士"，不能培养出全面发展的"人"的困境[1]。

体育教学中的小组学习，是把一个教学班学生分成若干个学习小组，在教师的指导下，小组成员之间、小组与小组之间通过互动、互助、互争，增强学生学习的主动性，从而提高教学效率的一种教学方式。例如，体育教师在运球上篮单元教学设计中，利用运球时间和投篮得分数，制定小组间竞赛规则及奖惩方式。然后，结合学生实际情况合理分组，帮助学生组建学习小组，引导学习小组制定单元学习目标、学习小组内部成员个人学习目标，指导学习小组制订学练计划，并为学习小组学习过程中存在的问题提供辅导答疑，最后通过阶段性的教学比赛，展示各个学习小组的学习成绩。

小组学习式体育教学设计，在教学对象方面，适合于初中以上的学生；在教学内容方面，适合于集体运动项目教学，如篮球、足球、排球等；在教学组

---

[1] 张振华.体育教学策略与设计[M].北京：北京师范大学出版社，2012.

织与计划方面，适合于单元和学期教学。

在体育教学设计时，首先要充分考虑体育教学的小组组建和人际交流的规律；其次要进行教学前测，确定分组方案，科学合理地进行分组；最后要明确小组学习是发展学生社会适应能力的一种方式，要尽可能为学习小组创设互帮互助、公平竞争的学习情境。

三、情境式体育教学设计的启示与应用

建构主义学习理论强调，学习是一种真实情境的体验活动，知识的获得是学习者与外部环境交互作用的结果，只有在真实世界的情境中才能使学习变得更为有效，学习的目的除了要让学生懂得某些知识，还要让学生能真正运用所学知识去解决现实世界中的问题。如果学生在学校的教学中对知识记得很"熟"，却不能用它来解决现实生活中的某些具体问题，只做到了单向的内化建构，而忽视了逆向的外化于物，那它就是一种无效的学习。

在传统的教学中，我们将体育教学理解成一个特殊的知识、技术、技能的传授过程，过分关注体育教学过程的接受性、进度性和熟练度，而忽视了体育教学过程中的情感性、亲历性和自主性。现代学习理论告诉我们，情感与学习是紧密联系、相互作用、相辅相成的。情感是学习形成的基础和前提，反过来，学习是情感发展的重要条件。

情境式体育教学设计是指关联学生学习与实际生活的真实情境，为学生创设应用所学的知识与技能提出问题、分析问题、解决问题的关键能力活动，以发展学生的分析、解释、推理、合作、交往、探究、操作、批判和创新等关键能力，以及在此过程中内化的态度、情感、意志、专注、责任、自律等必备品格。例如，体育教师为学生提供科学且简便易操作的身体形态、基本运动技能、身体运动素质等内容的评价标准和诊断方法，然后组织学生自测、互测，帮助学生认识自己的身体，了解自身可能存在的问题，并通过自主发现、合作探究、实践调研，搜集整理相关资料，深入分析问题，提出有效解决方案，并在征求教师意见后实施方案。在整个教学实施过程中，体育教师扮演了导演、顾问、领导者及合作伙伴的角色，引导学生发现问题、分析问题、解决问题，充分调动学生学习的积极性、主动性和创造性。

情境式体育教学设计适用于成熟型教师，要求教师具有丰富的教学经验和较高的教学水平；在教学对象方面，适用于不同学段的学生；在教学内容方面，适用于在充分学习理解体育知识与技能的基础上，关联学生学习与生活实

际，通过创设情境进行实践应用和迁移创新。

教育即生活，生活即教育。情境式教学的关键是为学生提供运用所学知识与技能，分析、解决学习与生活实践中遇到的实际问题的能力。它并非某一种教法或学法，也不分传统教学方法和现代教学方法，而是为促进学生有效学习、深度学习，实现教学目标的不同方法的组合，重在为学生创设一段有意义的学习经历。

第三章 体育课堂教学设计流程

关于课堂教学设计的流程与方法,目前有许多不同类型的理论模式,具有代表性的有肯普课堂教学设计模式、迪克-凯里课堂教学设计模式、史密斯和拉甘教学设计模式。由于决定学生学习效果的变量是极其复杂的,影响因素也是多元化的,所以,很难找到一个成熟的、包罗万象的范式作为参考。但一成不变的是课堂教学设计的要素如何优化组合,以及教学设计要解决的关键问题。

第一节 肯普课堂教学设计模式

肯普在美国教育界享有盛誉,肯普教学设计模式具有操作性强、教学设计理念先进(体现在教学目标归类、教学内容排序、教学策略选择等方面)的特点。它以学习理论、信息技术、系统分析和管理方法等各种知识为基础,把参与教学过程的要素分为九个部分进行分析。运用系统方法、最优化的思想和观点对教学过程进行设计,给教师的教学提供了一个可操作的教学活动实施方案。

一、教学设计要素

肯普模式认为,一个综合性教学设计规划要有九个要素[1]:
①辨明教学问题,分析教学项目的目标。
②考察学习者的特点,教学设计中应注意学习者的特征。
③明确学科内容,分析与教学目标有关人物的各组成部分。
④向学习者交代教学目标。
⑤在每个教学单元中将内容安排程序化,以体现学习的逻辑性。
⑥设计教学策略,使每个学习者都能有效地完成所要求的内容。
⑦根据教和学的模式,设计教学信息和传递方法。

---

[1] 王守恒,查啸虎,周兴国.教育学新论[M].合肥:中国科学技术大学出版社,2005.

⑧设计评价工具,以评估目标。

⑨选择支持教学资源,支持学习活动。

如图3-1所示,肯普把以上九个要素归纳成三个圆心组成的图形,指出了环绕在要素周围的调整过程,外层的两个圆向我们说明了在设计开发教学的任何时候都允许对要素的内容和处理方式进行改变的反馈特征。例如,在教学过程中收集学生的学习数据资料,这称为"形成性评价";在课程结束时收集学生的学习资料,这称为"总结性评价"。这会导致要素的处理方式需要修正。如果你希望学习者取得最佳成功,在令人满意的水平上完成教学目标,它就会帮助你对已发现的计划中的薄弱环节进行改进。

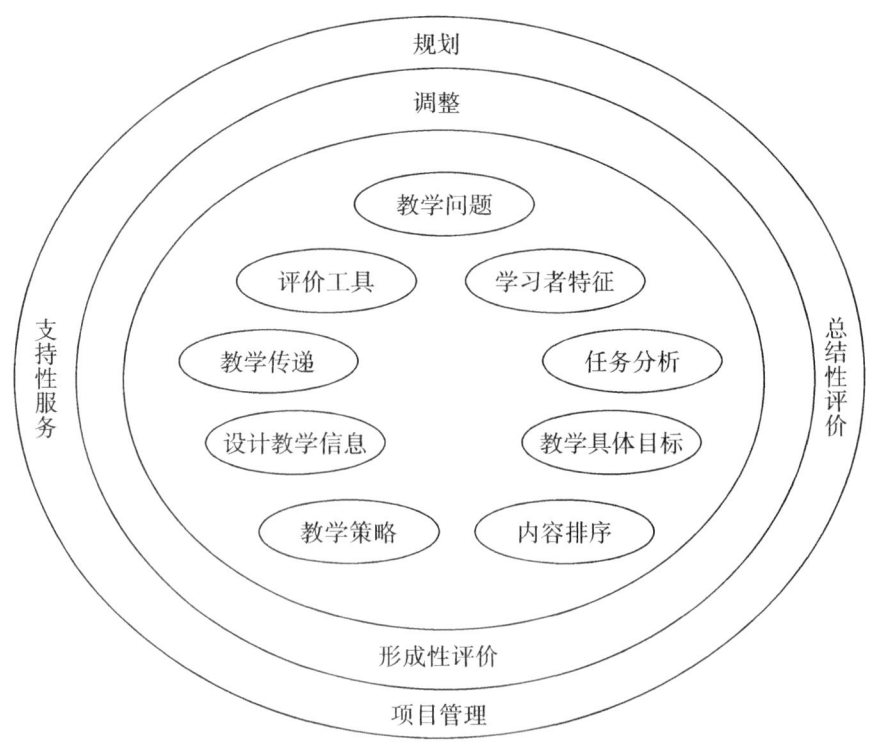

图3-1 肯普教学设计规划的要素

二、教学设计重点

从肯普的教学设计模式可以看出,教学设计是从学生学习与发展的角度来考虑教学,而非传统的从学科内容的角度来考虑教学,明确其为学生学习与发展的教育本质。它包括了许多影响学习结果的因素，现将其设计的要点进行凝练。

①学生特征。学生达到目标需要什么样的准备水平？

②教学条件。成功的学习需要什么样的支持？什么媒体或其他资源最合适？

③教学策略。如何最有效地促进学生学习学科内容和技能？

④评价程序。如何确定目标是否有效达成？如何确定学习完成的程度？

⑤教学管理。如果教学计划的实施与预期设想不符，有必要进行哪些调整？

三、教学设计方法

从图3-1可以看出，肯普教学设计的方法和要素并非单向流程，而是一个循环系统，它包括许多影响学习结果的因素。虽然九个要素构成了一个逻辑的、顺时针的序列，教学问题处于钟形图的起始位置，但教师在选择要素、操作顺序及各要素时可灵活掌握，可根据自身认为的逻辑或合适的顺序进行设计，例如，教学目标虽是教学设计首要环节，但它往往受制于教学对象、教学内容的分析与教学效果的反馈，教学对象、教学内容的分析往往是确定微观教学目标，如课时目标的依据。在课堂教学设计中，教学对象、教学目标是确定的，而教学内容是灵活的，因此，线性只是教学设计的基础，教师只有根据教学大目标分析教学内容，确保教学对象的开放性，才能制定出合适的教学分目标，否则其教学分目标易失于平衡[1]。

当开始课堂教学设计时，可以遵循肯普关于教学设计规划的要素的逻辑排列，从教学问题开始，再到学习者的特征，按顺时针方向依程序一一考虑九个要素，不断积累经验，重组或优化各个要素之间的排序，并找到一个更适合自己的序列。

第二节　迪克-凯里课堂教学设计模式

美国佛罗里达州立大学教授迪克和凯里是当代著名教学设计理论家。迪克-凯里教学设计模式独树一帜，一直被人奉为经典。其独特魅力在于，该模式最大的特点是着重面向一线教师，教学流程设计系统、简明扼要、上下连

---

[1] 张振华.体育教学策略与设计[M].北京：北京师范大学出版社，2012.

接、相互作用,每一步骤都有其在实践中的反馈和整合,为下一组成部分的发生创造可能,以共同达到目标。迪克-凯里的教学设计模式最接近教师的实际教学情况,即在课程规定的教学内容、教学目标下,研究如何传递教学信息。因为大多数教师无法改变现有的课程及所规定的教学内容和教学目标,他们只能在微观上研究"如何教"的问题,即怎样更快、更好地组织教学信息并用有效的方法传递给学习者[1]。因此,该设计模式的步骤和环节比较符合教师的实际教学情况,也比较详细具体地贴近教学,为我们掌握基本的教学设计程序和规范奠定了扎实的基础,具有很强的实践意义,其教学设计流程与方法具体如图3-2所示。

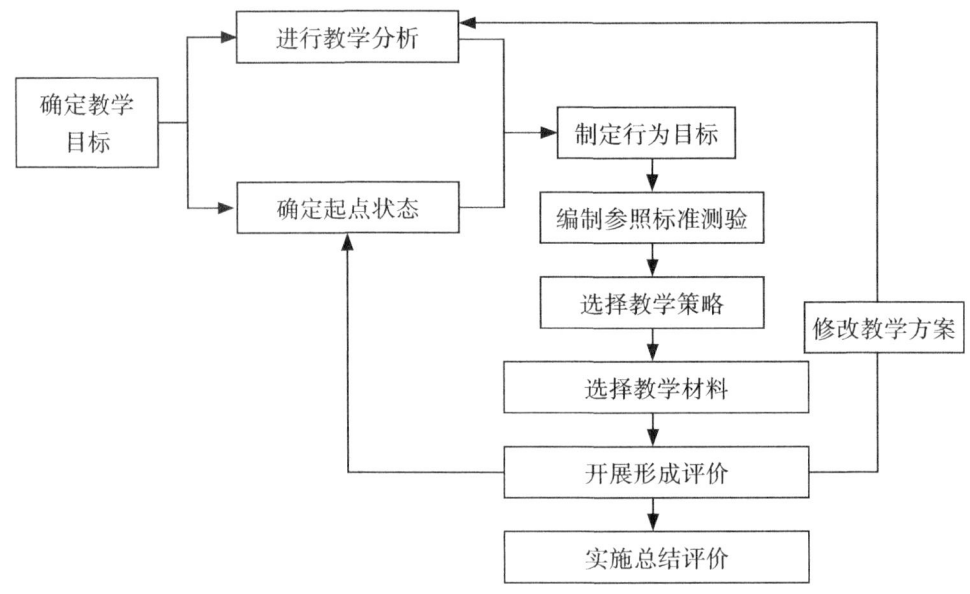

图3-2 迪克—凯里教学设计模式

一、确定教学目标

教学设计的第一步是确定在教学之后学生能够做什么?学生会发生哪些变化?确定教学目标的依据有:①课程目标;②学生学习与发展需求评估;③现实中学生的学习问题;④学生学习环境分析或其他一些影响因素。

---

[1] 何克杭.教学系统设计[M].北京:北京师范大学出版社,2007.

二、进行教学分析

在教学目标制定后，教师要确定目标中包含的学习类型，以及分析完成目标任务所需要的步骤。同样，教师也要对完成目标能力所需的知识和技能进行任务分析，通过这种分析，可以得出完成这一目标所需要的能力或子能力，以及这些能力之间的关系。

三、确定起点状态

除了目标能力中的子技能和任务操作的步骤外，教师还需要明确在教学之前学生必须具有何种知识或技能。这并不是将学生所具有的知识和技能都罗列出来，而是针对这一目标的教学工作，教师应该具备何种知识。同样，教师还应明确对本教学活动具有重要影响的学生的另外一些特征。

四、制定行为目标

在教学分析和起点能力确定的基础上，教师还要详细描述在教学任务完成之后，学生应该做什么或有怎样的表现。行为目标的陈述内容包括学生将要学习的行为，行为发生的条件以及完成任务的标准。

五、编制参照标准测验

测验项目测量的内容应该是行为目标中所揭示的学生的学习能力，故教师应注意测验项目与行为目标的一致性。

六、选择教学策略

在前面五个步骤确定之后，教师要考虑如何形成教学策略，如教学前或教学后的活动安排、知识内容的呈现、练习与反馈和测试等。

七、选择教学材料

在确定运用何种教学策略后，教师需要确定采用何种教学材料，进行何种教学活动，如材料准备、测验和教师指导等，选择这些材料、活动依赖于可利用的教学手段、教学素材和教学资源等。

八、开展形成评价

其形式可以是个别、小组和全班的测试。每一种评价的结果都为教师提供了可用于改进教学工作的数据和信息。

九、修改教学方案

在形成评价之后，教师总结和解释收集来的数据，确定学生遇到的问题以及发生这些问题的原因，并修改教学步骤。修改教学方案还包括重新制定或陈述行为目标，改进教学策略和方法从而实现有效教学。

十、实施总结评价

尽管总结性评价是确定教学是否有效的步骤之一，但由于这一步骤是评价教学的绝对价值和相对价值，是教学结束时所进行的，并且通常总结性评价并非由教师来设计执行，因此，这一步骤通常不被认为是教学设计过程中应做的工作。

第三节　史密斯和拉甘课堂教学设计模式

从一般意义来说，教师开展教学设计的任务是要回答三个基本问题：第一，我们要到哪里去，即教学的目标是什么？第二，我们怎样到那里去，有什么样的教学策略与媒体？第三，我们如何知道是否达成了目标，即如何检测、如何评估与进行教学调整？如果将以上三个问题明确为教师在设计与开发过程中要做的事情，那么分别是：实施学情分析，以确定我们将到哪里去；开发教学策略，以确定我们如何到；开发与实施评价，以确定我们如何知道是否达成了目标。所以,史密斯和拉甘将教学设计过程划分为三个阶段:分析阶段、策略阶段和评价阶段。第一阶段,分析学习环境、学习者、学习任务,制订初步的设计栏目;第二阶段,确定组织策略、传递策略、管理策略,设计好教学过程;第三阶段,进行形成性评价,对预期的教学策略予以修正[1]。绝大多数教学设计方法都包含这些内容。但史密斯和拉甘的教学设计模式突出了情境分析,按照组织、传递和管理三个类别来讨论策略是其新颖之处,具体如图3-3所示。

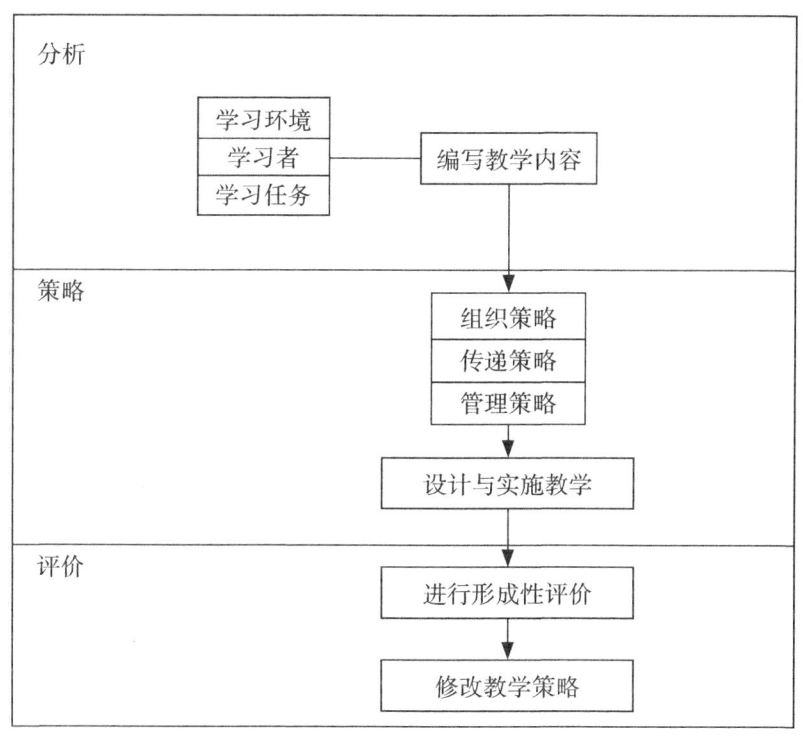

图3-3 史密斯和拉甘教学设计流程与模式

史密斯和拉甘强调,在教学设计活动中,要保证教学目标、教学策略、教学评价三者之间的匹配一致。所谓"匹配一致",是指教学策略(方法)、学习任务(目标)与是否达到学习结果的检测互相吻合和配套。例如,教学设计中的"篮球四角传球",显然,对于这个学习任务,学生是否有能力完成,与之相匹配的教学策略、教学环境能否和教学做到具体目标、学习活动手段浑然一体,这种匹配一致对教学设计非常重要。

---

[1] Robet R Maret. 有效教学设计[M]. 盛群力,高丽,译. 杭州:浙江教育出版社,2006.

一、分析学情阶段

在这个阶段,要回答以下问题:
①学生对学习目标有兴趣吗?通过什么方法吸引他们?
②所有的学生都需要达到相同的目标吗?应该怎样因材施教?
③为了掌握新的知识技能,学生需要有什么样的基础?
④如何评估学生是否达标?是采用书面测验,还是通过实践考核?

二、选择教学策略阶段

教学策略的选择与促进学习的多种因素有关,如设计确定与教学目标相关的学习内容,教学活动的组织安排及先后序列,教学媒介的选择与运用等,在这个阶段,要回答以下问题:
①学生要掌握哪些学习内容?内容的呈现应该采用什么样的模块,进度快慢如何加以控制?是先学习新课,还是先安排复习或练习?
②学生参与的形式与活动要求发挥什么作用?扮演什么角色?是不是需要安排课外作业和讨论等活动?
③教学活动的先后序列是如何妥善安排的?先采用"练习",还是先采用"讲解"的方法?如果采用讲解方法,那么,按照什么顺序来讲解呢?
④什么样的媒体最能起到支持教学的作用,是否可以用其他辅助工具代替?需要课前预习阅读教学参考书吗?
⑤学习中是否需要进行分组?学习活动是以个人学习为主,还是以分组学习或大班活动为主?

三、评价阶段

评价既包括对学习者的评估,也包括对教学的评估。评价活动时,教师要制订评价的计划,以明确学生在学习结束后,哪些方面应该得到改变。具体来说,要回答以下问题:
①教学内容与教学目标是否准确无误?由于新教育理念、新知识的不断更新,原来的教学内容是否得到了及时的更新或补充?
②为了解教学中还存在的不足,我们需要什么形式的反馈?

③针对教学中存在的不足,应该怎样去调整?
④每次教学后都会进行反思性的总结吗?

第四节 加涅学习信息加工教学设计模式

20世纪70年代,加涅开创了根据人类信息加工模型来设计教学过程的成功范例。几十年来,这个模式已经成为学习信息加工模式的一个典范。尽管学习信息加工模式还是假设性质的,现有的脑科学研究还没有充分揭示其神经生物特点和空间定位,但是,学习信息加工理论越来越受到重视——长时记忆的信息储存的方式与特点(不仅包括认知领域,而且包括元认知领域、情感态度领域和动作领域所习得的一切,都与长时记忆有关),以及工作记忆的方式与特点,为教学设计提供了日益有利的心理学依据。加涅认为教师既是教学活动的设计者和管理者,也是学生学习效果的评定者。教学程序必须根据学习的基本原理来设计。据此,他将学生的学习过程分解为八个阶段,如图3-4所示。

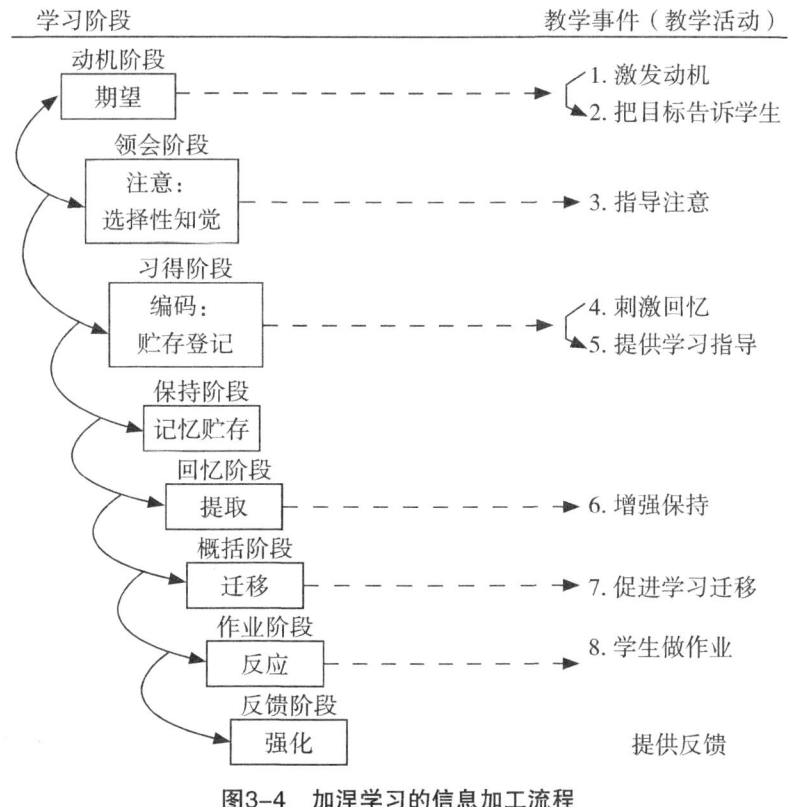

图3-4 加涅学习的信息加工流程

一、动机阶段

动机阶段是学生从感受器到感觉登记器的信息加工阶段。在注意或警觉的状态下，学生能够从环境中通过多种感觉器官（如视觉、听觉、嗅觉、触觉、味觉等）接受刺激，激活或启动感受器，并将其转换成神经信息，接着进入感觉登记器。形成感觉登记的前提是对信息给予关注。其中所谓的注意，就是引导感觉器官关注信息来源。

课堂教学设计，首先要考虑激发学生学习活动的诱因动机，它是借助于学生内部产生的心理期望过程建立起来的。教师要充分借助学生心理期望，帮助学生明确个人学习目标、小组学习目标和同伴竞争学习目标，并通过简洁流畅的讲解、精准高超的技能示范，吸引学生的注意。

二、领会阶段

领会阶段是学生从感觉登记到短时记忆的信息加工阶段。在这一阶段，学生需要对这些感觉登记器的信息进一步进行加工强化，以提升进入短时记忆的信息量。教师也需要对这些信息提前做出进一步加工，以避免出现短时认知负荷超载。对此，教师应采用各种手段来引起学生的注意，强化重难点的讲解、示范。

三、习得阶段

习得阶段是学生短时记忆储存的阶段。信息进入短时记忆后，停留时间一般认为不超过20秒，短时记忆的有限接受的项目数量词语量是7 ± 2。为此，运用两个手段：一是"复诵"。复诵能扩展短时记忆的储存时间，也有助于对信息编码作长时记忆的输入，但是，复诵不能增加在短时记忆中储存的项目数量。二是通过"组块化"的方式来稍稍扩展短时记忆的容量，即把新信息合并成结构，以节省短时记忆的空间。但两者都不能从根本上改变短时记忆的性质。如果学习者不对短时记忆中的信息进一步加工，就像一台电脑中不对文本进行保存，那么暂时保存在内存中的信息就会丢失。习得阶段是对新获得的刺激进行知觉编码后贮存在短时记忆中，然后它们进一步编码加工后转入长时记忆中。此过程中，教师可以给学生提供各种编码程序，鼓励学生选择最佳的编码方式，将新知识融入已有的知识体系，或是利用已有知识与新知识建立关联，并进行编码记忆，如采用顺口溜、打油诗、童谣等形式。

四、保持阶段

保持阶段是学生从短时记忆到长时记忆的信息加工阶段。信息在离开短时记忆进入长时记忆这一段时间，称为"编码"。编码是将信息从工作记忆转换到长时记忆的控制过程，同时也是学习者在新信息与其旧经验之间建立起意义联系的一种思维过程。此时的信息不再仅是以声音或形状的方式，而是转换为概念的方式储存（命题、概念的层级关系、段落中主题的构成等），其主要特征是用语义或有意义的方式组织起来的。在这个阶段，学生习得的信息经过复述、强化后，以语义编码的形式进入长时记忆贮存阶段。教师如果能对学习条件做出适当安排，避免同时呈现十分相似的刺激，可以减少干扰的可能性，从而提高信息保持的程度。

五、回忆阶段

回忆阶段是学生提取信息应用到工作阶段。为了证明学到了什么，学习者必须从长时记忆中提取储存的信息。提取的过程需要从外部情境或学习者本人从其他记忆来源提供某些"线索"。借助这类线索匹配或联结所习得的东西，如此找到的"实体"就被认为是"已知的"，然后再被提取出来。当回忆习得的东西涉及应用一个情况或新问题时，就导致了学习迁移引发更为复杂和广泛的搜索过程，称为"概括"和"主动建构"的内部加工。学生习得的信息要通过作业表现出来，信息的提取是其中必需的一环。教师可采用知识竞猜、技能展示等各种方式，使学生得到提取线索，这些线索可以增加学生的信息回忆量。

六、概括阶段

概括阶段是学生对信息应用效果的反应阶段。信息流程的下一个转换是由反应发生器完成的,即这种反应是涉及口头表达还是躯体大肌肉动作。随后引发一系列经过组织的行为的表现形式,包括所要完成的活动顺序和时间。概括阶段也是一个学习迁移的问题,教师必须让学生在不同的情境中进行学习,并提供在不同情境中运用提取过程的机会,同时要引导学生概括和掌握其中的原理和原则,如教学比赛、自主发现活动、小组合作探究活动等关联学生学习与生活实际的教学情境创设。

七、作业阶段

作业阶段是学生信息应用的行为表现阶段。位于信息加工末尾第二阶段的是激活特定的效应器,这便导致了外部能观察的活动形式。如学习"三维目标"述说已经习得了这种能力。通过作业能反映学生是否已经习得所学的内容,作业的其他功能是获得反馈和满足,帮助学生检验学习的效果。

八、反馈阶段

反馈阶段是对学生信息学习整个过程的执行监控阶段。执行监控的过程就是运用各种认知策略的反馈、调整过程。实验结果表明,使用命题编码的受试比使用短语编码的受试记住的词语要多得多。显然,不同的编码策略影响了学习效果。学生完成作业后,教师应及时给予准确的评价与反馈,从而强化其学习动机。反馈可以通过外部提供,也可以从学生内部获得,即进行自我强化。

第五节　以学习为主的体育课堂教学设计模式

体育课堂教学设计旨在精心策划一个有效的教学系统,它是应用系统方法分析、研究、解决体育教学过程中的问题,并对教学结果做出评价的一种计划过程与操作程序。体育教学设计的流程由背景分析、决策设计和评价反馈三个阶段组成,每个阶段都有其特定的要素,如图3-5所示。

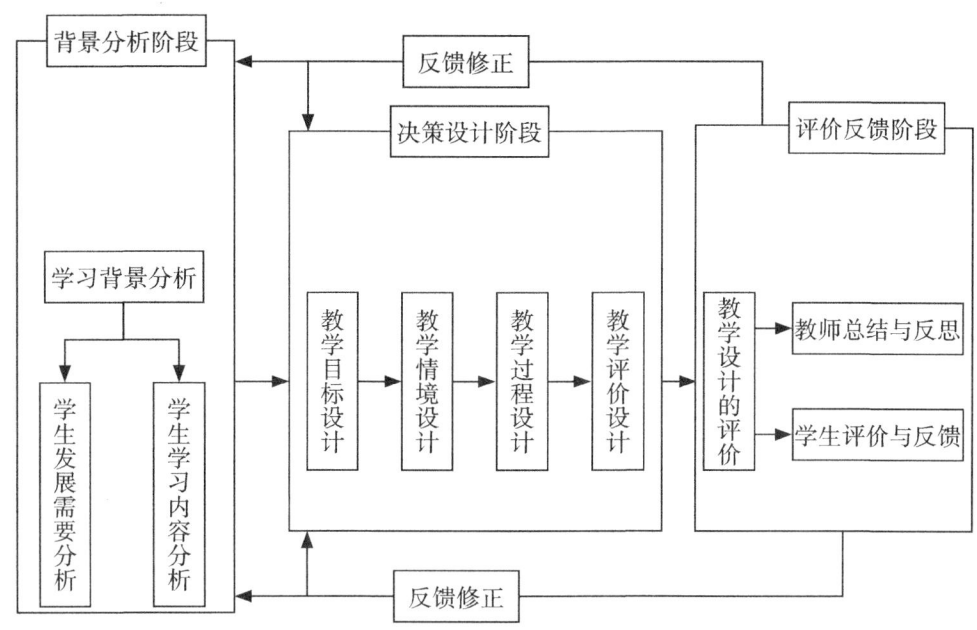

图3-5 体育教学设计的流程

体育课堂教学设计的实质是以提高教学效率和教学质量为目的，将教学系统的各个要素（教学对象、教学目标、教学内容、教学过程、教学方法、教学评价、教学媒体）进行全面分析和系统优化组合，而展开的体育教学活动设计方案。教师在开展教学设计时，需要回答以下五个问题：学生为什么学、学生需要学什么、如何科学有效地促进学生学习、如何评价学生学习效果、如何调整完善教学方案等问题。

一、背景分析阶段

在体育课堂教学设计的前期，要进行背景分析，这是确保体育课堂教学设计质量的基础。教师通过分析体育教学中存在的问题，体育教学内容的特点和功能，学生的特点、认知水平及运动能力，为设计工作确定基调。背景分析主要包括学生发展需要分析、学生学习内容分析两部分。

（一）学生发展需要分析

从"学生为什么学"入手，确定学生的学习需要和教学目的，是开展体育课堂教学设计的逻辑起点。学生的学习需要源于学生的内部动机、学习与生活环境。

1. 学生身体发展的需要

科学的测量与评估，是体育课堂教学设计的前提和基础。选用比较成熟的诊断方法，如BMI身体质量测试法、FMS功能动作筛查法、体质健康测试法等，诊断学生的身体形态、生理机能、运动素质、运动技能，了解学生的体质健康状况，分析学生存在的问题和发展的需要，明确学生学习的起点。

2. 学生心理发展的需要

苏霍姆林斯基说，"如果不了解孩子的智力发展，他的思维、兴趣、爱好、才能、禀赋、倾向，就谈不上教育。[1]"因此，体育课堂教学设计时，要在分析学生生理、心理特点的基础上，选用体育心理学量表或问卷（张力为，毛志雄主编《体育科学常用心理学量表评定手册》），充分了解学生的体育认知、体育情感和体育行为。具体包括：体育知识结构、运动技能基础、运动偏好与兴趣、运动动机、运动习惯、个性心理、群体行为等。

3. 学生社会发展的需要

人是社会中的人，尤其是学生，受社会影响非常大，正如衣俊卿先生所说，"人创造了文化的同时，文化也在影响和左右着人"。所以，教师需要充分地了解学生学习与生活的环境，包括班风、学风、校风、玩伴、家庭体育情况、社区体育氛围、当地体育传统和体育风俗等。这些信息对于体育教师制订教学策略，激发学生学习动机，调动学生参与学习的积极性意义重大。

总之，在体育课堂教学设计的过程中，聚焦学生为什么学习的问题，对学生情况掌握得越详细，就越能提高教学设计的有效性、科学性和可行性。在此基础上，结合学校实际办学条件，找到既能满足全体学生学习的一般需要，又能因人而异，满足部分学生学习的特殊需要，帮助学生明确体育学习目的。

（二）学生学习内容分析

体育教师在分析"学生为什么学"之后，需要明确"学生学什么"，以满

---

[1] 苏霍姆林斯基.把整个心灵献给孩子[M].天津：天津人民出版社，1981.

足学生体育学习与发展的需要。在落实学生发展核心素养的教育背景下，体育知识、技能是必要的，但不充分，还需要在此基础上关联学生学习与生活实际情况，为学生创设运用所学知识、技能分析问题、解决问题的深度学习情境，以帮助学生实现知识技能的迁移创新。因此，体育教师在选择加工体育教学内容时，应从以下几个方面进行分析：

1.《体育与健康课程标准》规定的内容

体育教师要对相应学段《体育与健康课程标准》规定的课程内容分布、特点和功能及重点、难点进行分析。在此基础上，教师还要根据学校的实际情况以及学生的经验对学习内容进行重新构建。

2. 学生身心发展需要的内容

遵循不同年龄段学生身体形态、运动素质发展的敏感期规律，将改善学生身体形态、提高学生运动素质的相应练习，与运动技能学习和体育健康知识有机融合。

3. 促进学生体育核心素养养成的内容

分析体育教学给予学生适应未来社会发展和个体终身发展所需要的价值观、必备品格和关键能力，选择学生必需的、基础的、后天生存和发展必备的、学科中最有价值的知识技能。

4. 依据学生运动认知规律选择加工的内容

一方面，遵循"运动技能形成规律"，按照从易到难、从简单到复杂的学习过程，安排在课堂教学中。另一方面，依据学生发展核心素养形成规律，选择加工学生学习理解、实践应用和迁移创新的内容。

二、决策设计阶段

决策设计阶段是体育教学设计流程的关键阶段。体育教师在熟知"学生为什么学""学生学什么"的基础上，结合教学实际情况，依据前期调研及评估分析，要解决"学生应该学到什么程度""如何科学有效地学习"的问题，主要包括教学目标设计、教学情境设计、教学过程设计和教学评价设计。

（一）教学目标设计

在决策设计阶段，首先要确定教学目标，即明确学生学习与发展应该达到什么程度，这需要体育教师立足于教学实际情况，综合考虑教学目标体系、教学目标构成和教学目标表述等关键要素，对以下问题做出决策：

第一，学生学习与发展的维度有哪些？一堂体育课重点发展学生哪些方面的素养？一个单元教学重点发展学生哪些方面的素养？一堂体育课后学生会发生哪些方面的改变？如何搜集数据，证明学生学习后发生的变化？

第二，如何处理统一的教学目标与学生个体学习目标之间的矛盾和冲突？

第三，如何准确地使用行为动词来表述学生学习与发展达到的程度，使教学目标明确具体、层次清晰、可测能评、符合实际？

（二）教学情境设计

如何科学有效地促进学生学习？确定"如何学"。这个问题是体育教师开展教学设计要解决的核心问题，将直接关系到教学效率和教学效果。体育教师需要依据教学目标，结合教学实际情况，综合考虑教学内容、教学方法、教学组织和教学媒体等关键要素，对以下问题做出决策：

第一，体育教师需要总结教学经验，结合教学实际情况，确认哪一种体育教学模式是有效的。

第二，体育教师需要确认学生先学什么，再学什么，即从体育知识、技能的学习理解、实践应用，再到迁移创新的内容。

第三，体育教师需要确认哪些方法能够有效促进学生对体育知识、技能的学习理解、实践应用和迁移创新？如何区别对待，因材施教？

第四，如何有效利用教学时间和空间，充分发挥教师主导、学生主体的作用，开展体育教学活动，完成体育教学任务？

第五，如何选择、组合、运用体育教学媒体辅助教学？是否需要自制体育器材？如何充分利用有限的体育教学资源，满足学生多样化的体育需求？

（三）教学过程设计

体育课堂教学过程设计是体育教师有目的、有计划、有步骤地实施体育教学方案的行动指南。体育教师需要从学生学习过程的实际出发，依据教学过程中师生双向信息交流互动的规律与特征，对以下问题做出决策：

第一，一堂体育课自始至终要完成哪几个教学任务？哪个教学任务是重点？哪个教学任务是难点？

第二，如何通过课堂导入，有效激发学生学习的动机，调动学生学习的积极性？

第三，教师"教"的过程中，学生可能会出现哪些问题？有效处理的方式方法有哪些？

第四，学生"学"的过程中可能会遇到哪些问题？有效干预的方式方法有哪些？

第五，如何组织游戏、练习、展示、比赛等教学活动？如何保障有序调整队列队形？

第六，选择何种方式，恰当地反馈学生学习效果？

（四）教学评价设计

如何全面客观地评价学生学习的效果，为学生学习与发展提供证据，是体育与健康教学设计的最后一个环节。体育教师需要立足于教学实际情况，综合考虑评价标准、评价主体、评价方式等关键要素，对以下问题做出决策：

第一，评价什么？一堂体育课或一个单元体育教学评价的标准是什么？

第二，谁来评价？如何实现学生自评？如何实现学生互评？什么情况下适合教师评价？

第三，如何评价？什么情况下使用定量的评价方式？什么情况下使用定性的评价方式？

第四，如何为学生提供学习与发展证据，尤其是健康行为、体育品德方面的发展？

三、评价反馈阶段

评价反馈阶段主要是对体育教学设计方案实施的效果进行评价，并通过相应反馈与调整不断地完善教学设计方案的过程。教学设计方案实施效果的评价是体育教学设计过程中不可缺少的环节之一，也是经常被体育教师忽视的环节。对体育教学设计方案的评价、反馈与完善，主要依靠教师的总结与反思和学生的评价与反馈。

（一）教师总结与反思

教学设计非常重要，但教学设计实施效果的总结与反思更重要，因为实践是检验真理的唯一标准，只有通过教学实践的检验，才能验证教学设计方案是否合理，还存在哪些问题，如何在今后的教学设计与实施过程中规避这些问题，等等。所以，一堂体育课结束之后，并不代表体育教师完成了教学任务，体育教师还要对整个教学方案实施过程进行总结与反思，吸取成功经验，找到不足之处，完善教学设计，以进一步提升教学质量。通常情况下，体育教师可以采取以下几种方式进行教学自我总结与反思：

1. 教学日志法

教学日志法是指体育教师在一堂体育课结束后，通过自我总结与反思，记录课堂教学过程中的成功经验、存在问题，以及改进教学的方式方法，实践证明这种方法能够有效地促进年轻体育教师快速成长。

2. 教学研讨法

教学研讨法是指针对体育教学设计与实施过程中某一教学现象或问题，通过组织学生研讨或体育教研组教师研讨而获得一手资料的方法，这种方法有助于体育教师在开展教学总结与反思时，深入地了解问题、分析问题以及有效地解决问题。

3. 文献资料法

文献资料法是指针对体育教学设计与实施过程中存在的某一问题，通过查阅相关文献，包括教材、论文、政策文件等资料，寻找科学有效的解决方案的一种方法，这种方法能够有效地弥补年轻体育教师因经验不足而导致教学效果不理想的问题。

4. 教学录像法

教学录像法是指利用现代教育技术记录课堂教学过程，收集教学过程视频、学生体感信息数据、学生学习过程中面部表情捕捉数据等信息，这种方法能够为体育教师开展教学总结与反思提供更为可靠、真实和直观的参考。

（二）学生评价与反馈

学生是教学设计方案实施的亲历者，学生的评价与反馈至关重要。因此，体育教师不仅要从自身的角度进行总结与反思，还要从学生的角度开展调研，获取学生评价与反馈的信息，通常情况下体育教师可以采取以下几种方式：

1. 测试法

测试法是指体育教师为了解一堂体育课或一个单元体育教学中学生学习与发展的情况，根据评价内容，设计测试项目，收集评价资料的一种方法，适用于收集学生掌握体育知识情况、学生运动技能形成情况、学生身体素质发展情况、学生体育品德和健康行为养成状况等资料。

2. 调查法

调查法是指体育教师为了对某种体育教学现象或事实进行深入的考察，采用访谈、座谈、问卷等方式收集资料，并进行分析处理，进而得出结论的一种评价与反馈的方法。

3. 观察法

观察法是指体育教师在实施教学方案过程中，对学生的行为表现进行观察、考察、分析，而获得第一手评价与反馈资料的方法，适用于收集学生的学习行为、情感反应、人际关系、学习态度、学习兴趣、参与活动情况等方面的资料。

第四章 学生发展体育需求分析

体育课堂教学设计是一个解决问题的过程，学生体育学习需要分析是解决问题过程的起点，即解决教师"为何教"和学生"为何学"的问题。因此，只有深入教学实际进行调查研究，收集大量资料和可靠数据，了解教学中存在的问题和问题的性质，厘清学生体育学习需要，了解现有的教学资源和教学环境，才能增强设计行为中决策的准确性、针对性和时效性。学生发展体育需求分析是指依据学生身心发展规律及特征，分析学生体育学习需求，包括学生的体育期望以及需要通过体育解决的问题。

第一节 学生身体发展需求分析

学生身体发展需求分析主要从学生身体形态发育和生理机能发育两方面特点进行阐释，并在此基础上，分析学生的体育需求。

一、身体形态发育特点及体育需求分析

身体形态是人体的概括性外部特征。一般由体格、身体成分、体形和身体姿势来表现，其主要指标有身高、体重、围度、脂肪含量、肌肉和骨骼发育情况及身体各部分在空间中的相对位置等。不同阶段学生身体形态发育特点存在差异，也对体育课堂教学设计提出不同的要求。

中小学生身体形态发育具有明显的年龄特点，首先，身体形态发育是一个连续动态的过程。依据身高、体重、胸围、肩宽、骨盆宽等重要形态指标的年增长值和年增长率进行划分，10岁以前属于第一阶段，10~20岁属于第二阶段。人在出生后的第二年增长速度略低于第一年，以后继续下降，保持相对稳定的增长速度。从10岁开始，生长发育速度加快，进入青春快速增长期，前期为11~14岁，是生长发育的突增期，生长发育速度快，增长量大；后期为15~20岁，增长速度逐渐减慢，直到成熟为止。

其次，学生身体形态的发育具有性别差异。随着学生年龄的增长，在小学阶段的后期和初中阶段，女生、男生先后进入青春发育期，一般女生较男生早2~3年，因而女生10岁时身高一般会超过男生，但又因女生停止长高的年龄比男生早3~4年，因而男生突增时间比女生持续时间长，到发育成熟时，男生身高大多超过女生。在青春期，由于下肢骨骼增长速度较快，下肢增长比例增大，有利于增大腿部动作幅度，男生和女生跑、跳、跨等活动能力均有所发展。

2021年6月，教育部《〈体育与健康〉教学改革指导纲要（试行）》要求：明确学生各学段特点与发展需求，使体育教学内容更加富有逻辑性、系统性和衔接性。依据各学段教学目标，合理选择多元化教学模式和多样化组织方式，因地制宜、因材施教，增强体育教学方式改革的有效性、可行性[1]。

依据学生身体形态发育的阶段性、动态性及性别差异特征，在小学阶段，可男女生合班上课，不分性别，多安排体操、舞蹈、跳绳等身体练习提高机体免疫力，增加心肺耐力，促进骨骼生长发育，但训练时间不易过长。到了初中阶段，男女生可以选择分班教学，男生班可以多安排球类、武术、游泳等运动项目，发展男生四肢和上体肌肉力量，使男生体形匀称，体格健壮。女生班可以安排舞蹈、游泳、艺术体操等运动项目，继续发展女生的协调性并养成正确的身体姿势。在高中阶段，男生可多安排专门性力量训练，增加四肢和核心肌肉力量，保持健硕的身体形态；女生则可以继续增加形体训练、克服自身体重的力量练习以及瑜伽练习，适当增加肌肉力量，保持良好姿态和健美体形。

二、生理机能发育特点及体育需求分析

生理机能是指人的整体及其各器官、系统所表现的生命活动。生理机能得到发展，可以使呼吸肌的力量增强，胸廓运动的幅度加大，从而改善呼吸机能。与体育运动联系较为紧密的系统主要包括神经系统、骨骼肌肉系统、呼吸系统和心血管系统。

（一）神经系统发育特点及体育需求分析

中小学生神经系统的兴奋和抑制发展不均衡，神经活动过程相对不稳定。小学阶段，神经活动第一信号系统占主导地位，主要靠具体的直观形象建立条

---

[1]《体育与健康》教学改革指导纲要（试行），2021年6月23日教育部办公厅印发。

件反射，第二信号系统相对较弱，抽象思维能力较差，分析综合能力还不完善。初中以后，第二信号系统功能进一步发展，抽象思维能力不断提高，两个信号系统的相互关系更加协调和完善，分析综合能力显著提高，能较快地建立各种条件反射。高中以后，学生的神经系统已经发育完全，大脑的结构和机能已达到成人水平，兴奋与抑制过程基本平衡，第二信号系统起主要调节作用。

根据中小学生神经系统发育特点，在小学阶段，教师应多采用直观教学，让小学生通过模仿尽快掌握动作技能，同时安排丰富多样的教学内容，如灵活多变的学练活动或者趣味性游戏，激发小学生的兴趣和求知欲。在初中阶段，学生抽象思维基本形成，教师可在直观教学的基础上多采用启发式或问题式教学，使学生在动作技能形成过程中学会主动发现问题并尝试解决问题，培养其高阶思维。到了高中阶段，学生神经系统发育已达到成人水平，可多采用自主、合作、探究学习方式，鼓励学生自主学习各项动作技能，并积极与他人沟通合作，善于从质疑的视角分析问题，培养批判性思维和创新性思维。

（二）骨骼肌肉系统发育特点及体育需求分析

小学生骨骼发育过程主要表现为长骨（即股骨和肱骨等）的快速增长，其中，软骨成分居多，水分和有机物质较多，无机盐少，骨密质差，因此骨的弹性大而韧性较小，不易发生完全骨折，但容易发生弯曲和变形。而肌肉开始纵向生长，肌肉的横断面积小，收缩功能较弱，耐力较差，力量比较小，易疲劳，但恢复较快。在青春期，青少年肌肉组织中水分多，而蛋白质、脂肪、糖及无机物质较成人的少，能量储备较差，此时骨骼快速增长，肌肉也以长度增加为主，但落后于骨骼的增长速度。男生15岁之后、女生13岁之后，肌纤维逐渐增粗，其横断面逐渐增大，肌力显著增长。

依据中小学生骨骼肌肉系统发育特点，在小学阶段，体育教师在教学设计时，应该选择适宜的练习项目和运动负荷，促使骺软骨细胞的增殖，有利于骨的增长，负荷不易过大以防骨化过程提前完成或骺软骨损伤。在初中阶段，任何大重量的负荷练习不仅对肌纤维的增粗和肌力的增长效果不明显，而且容易损伤骨髓，抑制骨骼的生长，因此，可以安排适当的负轻重量或自身体重的力量练习、弹跳练习来促进骨骼和肌肉的生长发育[1]。到了高中阶段，男女生肌

---

[1] 林文弢，王春阳.青少年身体形态结构与体育锻炼[M].北京：科学出版社，2020.

肉长度和横断面积同时增大，肌力增强，对力量、耐力性素质练习承受的能力也有所增强，此时可以进行中等强度的力量、耐力项目的练习。

（三）呼吸系统发育特点及体育需求分析

中小学生呼吸系统发育随年龄的增长而日趋完善，功能逐渐增强。小学和初中阶段的学生胸廓较小，呼吸肌较弱且呼吸表浅，新陈代谢旺盛，呼吸频率较快，肺容积小，肺活量也较小，呼吸调节机能较弱。高中以后，呼吸深度增大，呼吸频率减少，肺活量逐渐增大。

依据中小学生呼吸系统发育特点，体育教师在进行教学设计时，小学阶段应安排适当的胸廓锻炼，增大胸围与呼吸差，提高肺活量，同时加强呼吸深度练习，力求呼吸与动作正确、协调配合，但应避免憋气动作练习。到了初中阶段，可以选择快速的速度训练，增加间歇时间，但运动强度不宜过大，不宜进行力量训练和耐力训练。高中阶段可选择匀速的耐力训练，循序渐进地发展呼吸系统机能，同样，运动负荷不宜过大。

（四）心血管系统发育特点及体育需求分析

中小学生的心脏发育不如骨骼肌快，心肌纤维细，心收缩力较弱，心率较快，心脏每搏输出量比成人低。随着年龄增长，心收缩力逐渐增强，心率逐渐减慢，20岁左右趋于稳定。8岁小学生心脏的每搏输出量的绝对值为25.0毫升，而13岁和15岁分别为35.7毫升和41.5毫升，但每千克体重的心脏每搏输出量差异不明显（表4-1），说明中小学生的心脏能够承担适当的运动负荷。

表4-1 不同年龄学生心脏若干指标的变化

年龄（岁）	心脏重量		每搏输出量	
	绝对值（克）	心脏重量占体重（%）	绝对值（毫升）	每千克体重（毫升）
8	96.0	0.44	25.0	0.98
13	172.0	0.50	35.7	0.95
15	200.0	0.48	41.5	0.95

在小学阶段，体育教师安排运动负荷时，应避免让学生进行长时间的剧烈活动及需要憋气的活动，如拔河比赛等。初中阶段的练习密度可稍大些，但强度不

宜过大,尤其持续时间长的速度耐力性练习强度不宜过大。到了高中阶段,运动负荷的强度可相应增大,可以多进行中长跑锻炼,但须遵循渐进性原则。

三、运动素质敏感期特点及体育需求分析

从目前研究成果来看,各项运动素质发展敏感期的一般规律和特点是,男生为7~14岁,女生为7~13岁。各项运动素质增长的速度快慢、高峰出现的时间早晚、发展顺序的先后,跟年龄和性别都有很大关系。例如,柔韧素质女孩超过男孩,随着年龄增长皆比男孩要好,力量耐力反之;灵敏、耐力、力量等素质,一般是男孩优于女孩[1];从力量素质层面来讲,男孩绝对力量自然增长的敏感期是11~13岁,女孩绝对力量敏感期是10~13岁;力量耐力男孩在7~17岁基本处于直线上升状态,而女孩13岁以后增长缓慢,甚至出现下降情况[2]。目前,国内外关于儿童运动素质敏感期的研究基本达成共识,如表4-2~表4-4所示。

表4-2 运动素质发展敏感期[3]

运动素质	女孩	男孩
速度素质1	第一次速度发展的"机会之窗" 5~8岁	第一次速度发展的"机会之窗" 7~9岁
支持系统技术	呼吸循环系统5~9岁 8~11岁	呼吸循环系统6~10岁 9~12.5岁
速度素质2	第二次速度发展的"机会之窗" 11~13.5岁	第二次速度发展的"机会之窗" 13~16岁
柔韧素质	6~10岁	6~10岁
耐力	11~13岁	13~16岁
力量	12~15岁	17~20岁

---

[1] 邢文华,曲宗湖. 研究少年儿童身体素质发展的特点对改进中小学体育教学的启示[J]. 北京体育学院学报,1982(1):45-52.

[2] 田麦久.《运动训练学》[M]. 北京:高等教育出版社,2012.

[3] 王安利,张新,汪黎明,等. 少年儿童身体发育特征及力量训练[J]. 体育成人教育学刊,2014,30(2):48-51,95.

表4-3 苏联中小学运动素质发展[1]

年龄	最佳运动素质及其特点
7~10岁	柔韧性、灵巧性高速发展
7~11岁	肌肉力量较小,能适应快速的负荷量,适合发展速度素质;静力性练习易引起动力性练习耐力不足
11~12岁	男女孩开始具备动力性耐力,采用手段是走、慢跑和滑雪;男女肌肉力量差异明显
12~14岁	可做投掷准确性和跳跃准确性练习
14岁	耐力提高到成人50%~70%水平,并取决于生物学成熟的程度
13~15岁	柔韧性达到最高水平
14~17岁	男孩肌肉力量增长的最好时期。女孩稍早。女孩的相对力量增长不如男孩,男孩16岁时的耐力达到成人的80%

表4-4 小学学段运动素质敏感期总表[2][3]

运动素质	性别	
	男	女
力量	7~13岁	10~13岁
速度	7~9岁	5~8岁
(有氧)耐力	10~12岁	10~12岁
灵敏	7~10岁	7~10岁
协调	7~12岁	7~12岁
柔韧	6~10岁	6~10岁

基于学生运动素质发展的敏感期,在体育教学设计时,在小学阶段,教学内容可多设置一些基本体操、平衡木练习、有节奏的双脚跳或单脚跳等动作练习,重点发展小学生的反应速度、平衡能力、动作速度、协调性和灵敏性;在初中阶段,结合体能发展敏感期,通过不同负荷的快速伸缩复合练习,如站姿前倾快速推墙练习、小负荷快速跨步蹲跳、适宜高度跳伸练习和仰卧双人配合

---

[1] 邢文华,曲宗湖.研究少年儿童身体素质发展的特点对改进中小学体育教学的启示[J].北京体育学院学报,1982(1):45-52.
[2] 田麦久.运动训练学[M].北京:高等教育出版社,2012.
[3] 王安利,张新,汪黎明,等.少年儿童身体发育特征及力量训练[J].体育成人教育学刊,2014,30(2):48-51,95.

传球练习重点发展学生快速力量，也可以通过开合跳、高抬腿、跪姿俯卧撑、侧向传实心球练习等训练动作组合发展其有氧耐力[1]；到高中阶段，可以通过中长跑练习、体育比赛重点发展学生的长时耐力，同时通过一些静态、动态核心力量练习（俯桥、背桥、侧桥支撑、V字坐等），核心稳定、非稳定力量练习（稳态或非稳态背桥支撑、屈伸等）以及功能性力量练习（肩关节内收外展、前推后拉动作练习，肘关节、腕关节屈伸力量练习等）发展学生相对力量。

四、学生运动技能发展特点及体育需求分析

20世纪90年代，美国学者Jane E Clark从终身发展视角思考人类运动技能发展的规律，提出了运动技能发展序列和累积特征，并于2002年将其提升为"运动技能发展高峰理论"（mountain of motor development）。该理论认为，1~7岁为儿童基本运动技能的形成阶段，7~12岁为儿童基本运动技能的运用阶段，儿童只有在这两个阶段内掌握了基本运动技能，才能够保证在未来学校生活和终身体育活动中，灵活适应不同运动项目和运动环境，增加运动自信，提升体育锻炼自主参与意愿。

运动技能按照不同的标准可以分为不同的类型：根据动作是否连贯可分为连续性运动技能和非连续性运动技能；根据完成的动作是否随着环境条件改变而发生变化可分为封闭式运动技能和开放式运动技能；根据完成动作所涉及的肌肉群和动作幅度大小可分为小肌肉群运动技能和大肌肉群运动技能；根据运动的功能可分为稳定技能、位移技能和操控技能；根据学生运动技能活动的性质和特点，可分为动作技能和智力技能两大类。

小学生基本运动技能的发展有3~5个阶段，其中，位移技能的发展阶段主要为3~4个阶段；而操控技能因涉及对器械的控制，比位移技能复杂一些，故其发展阶段主要为4~5个阶段。基本运动技能的每个发展阶段都有相应的典型特点，这些典型特点可以帮助体育教师快速判定学生相应技能的发展阶段。在小学阶段，基本运动技能的发展一般处于第三至第五阶段（表4-5）。在初中阶段，学生可以将完成运动技能所需要的活动与某些环境线索联系起来，强调在正确的直觉和积极思维的基础上进行反复练习，合理地使用力量、速度，建立准确的空间方位，最后把动作各个组成部分联合成一个整体，即建立起动作连锁。而到了高中阶段，随着学生运动技能的发展，学生不再有意识地去思考自

---

[1] 杜聪.青少年初中生体能训练内容构建与实践研究[D].北京：北京体育大学，2017：92.

己正在做什么，动作的执行完全由运动程序来控制，受本体感受器调节，无须特殊的注意和纠正，心理与机体的能量消耗出现节省化，技能几乎变成自动和习惯化。

表4-5 主要位移技能发展阶段及其特点一览表

运动技能	第一阶段	第二阶段	第三阶段	第四阶段
单脚跳	摆动脚在体前 ● 非支撑腿的大腿置于身体前面与地面成水平线的位置 ● 身体垂直 ● 手臂处于肩部位置	摆动脚在支撑腿侧面 ● 非支撑腿膝关节弯曲在前而使摆动腿后于支撑腿 ● 身体稍微前倾 ● 两侧手臂的动作	摆动脚后于支撑腿 ● 非支撑腿直摆且摆动脚在支撑腿的后面，保持膝关节弯曲 ● 身体有较大的前倾 ● 两侧手臂的动作	摆动腿自由协调摆动 ● 非支撑腿摆动 ● 身体前倾 ● 手臂与摆动腿反向摆动
立定跳	手臂制动 ● 手臂动作像闸一样 ● 过分垂直向上跳的动作 ● 腿没有伸展	手臂摆动 ● 手臂如钟摆 ● 垂直向上跳的动作依然很大 ● 腿部接近完全伸展	手臂向头摆动 ● 起跳时，手臂向前移动，肘位于躯干的前面 ● 手臂摆动至头 ● 起跳角度依然大于45° ● 腿部经常完全伸直	身体完全伸展 ● 起跳时，手臂和腿部完全伸直 ● 起跳角度接近45° ● 落地时，大腿与地面平行
（连续）垫步跳	不连贯的连续垫步跳 ● 不连贯或缺乏节奏 ● 缓慢而勉强的动作 ● 低效的手臂动作	手臂和腿高抬 ● 有节奏的连续垫步跳 ● 手臂高抬帮助身体上升 ● 过度的垂直提升动作	有节奏的连续垫步跳 ● 臂部动作减少或者双手低于肩部 ● 有节奏的动作 ● 单脚跳时，支撑脚接近地面	

运动技能是促进中小学生身体正常发育、发展体能和提高社会适应能力的重要方式和手段。学习运动技能可以提高学生对运动的理解，激发学生参与运

动的兴趣，并为学生终身坚持体育锻炼打下良好的基础。在小学阶段，要注重体育游戏的学习，发展学生的基本运动能力以及培养他们对体育锻炼的兴趣；在初高中阶段，要注重不同项目运动技术的学习与应用，鼓励学生参加多种形式的比赛，逐步增强学生的体育与健康学习能力、安全从事运动的能力和意识，加深对体育运动的理解。

第二节 学生心理发展需求分析

学生心理发展是指学生个体从出生到成年期间所发生的积极的心理变化过程，主要包括学生的认知发展、情感和意志发展、个性发展三个方面，且具有自身独特的发展特点。

一、学生认知发展特点及体育需求分析

认知主要包括感知、注意和思维。小学生感知能力较差，视觉和听觉占主导地位，抽象思维尚未形成，思维形式以感觉运动模式为主，动作模仿能力较强。在这一时期，学生往往对新颖动作示范很感兴趣，而对教师的讲解缺乏热情，因此，教师应多运用正确、生动的讲解，优美、形象的示范，通过直观方式来丰富学生的感性认识，激发其参与体育学习的兴趣和积极性。在初中阶段，学生的感知能力有很大提高，知觉的目的性、精确性和概括性增强，抽象思维逐步发展，能比较全面而深刻地感觉事物。尤其是运动知觉随着年龄的增长而提高，其主要是通过大量的运动实践，在实际体验中逐渐发展起来的。到了高中阶段，由于学习内容日益抽象、概括，使他们的思维由经验型向理论型过渡，能用理论作指导来分析综合、归纳演绎，思维具有更高的抽象性，并开始形成辩证逻辑思维，但是学生的运动知觉仍须通过一定的运动动作的练习，才能逐渐分化为精细的、准确的运动知觉。

注意是心理活动对有关对象的指向与集中。注意分为无意注意、有意注意和有意后注意三种。小学生有意注意处于发展阶段，无意注意起重要作用，容易被外界事物所吸引。随着年龄的增长，到中学阶段，学生的注意品质显著提高，如注意的稳定性越来越好、注意范围不断扩大、注意的分配和转移能力不断发展、自觉性和灵活性也有所增强。

学生思维的发展是从具体到抽象，从低级到高级，既有连续性又有阶段性

的发展变化过程。在小学阶段,学生的思维处在从具体形象思维向抽象逻辑思维过渡的时期,以具体形象思维为主,不同儿童的思维存在差异性。到了初中阶段,学生的独立思考能力显著提高,抽象逻辑思维便开始占据相对的主导地位,这既是个体思维发展中的一个质变,也是少年期思维发展的主要特点。少年期的另外一个思维特点是,思维的独立性和批判性有了显著的发展,但在很大程度上还属于经验型。高中生的思维具有更强的抽象概括性,辩证思维开始形成,思维的独立性和批判性更加鲜明,思维的片面性有所改善,逐渐从经验型过渡到理论型,他们能解释和论证事物或现象之间复杂的因果关系。

依据中小学生认知发展特点,在小学阶段,体育教师可以利用小学生注意易分散的特点,安排时间短且能引起注意的活动,如小游戏大串联,通过一个个短时游戏吸引学生的注意力,同时以直观教学为主,学生通过多次模仿练习建立动作概念,形成动作定型。到了初中阶段,随着注意的发展和抽象思维能力的提高,学生能较好地调节和控制自己的注意,为系统地掌握体育知识和技能奠定了基础,但注意在一定程度上仍受兴趣、爱好的支配。教师可以利用无意注意和有意注意的规律以及运用两种注意相互转换的规律组织教学,安排一些带有攻防转换练习的球类项目延长学生有意注意的时间。根据注意和思维特点,可以采用启发式、探究式结合重复练习等教学方法,使学生在多次练习过程中掌握技术动作,体悟和归纳动作形成的规律,形成边思考边练习的学习模式。在高中阶段,除了继续练习外,还应引导学生进行知识和技术的正迁移,通过多次练习归纳动作技术原理和练习方法,主动迁移到其他类似动作的项目学习上,促进学生深度学习,培养高阶思维。这一阶段的学生注意趋于稳定,教师在教学过程中可以安排双重任务的技能学习来提高学生的注意分配能力[1]。

二、学生情感和意志发展特点及体育需求分析

情感是人们对客观事物是否满足生理需要而产生的态度体验。青少年时期是向成人过渡的时期,也是身心发展最迅速的时期。小学阶段学生的情感体验内容不断丰富,情感的深刻性和稳定性不断增强,情感表现强烈、鲜明,但对情绪和情感的控制力不够。如个人或集体因在游戏或比赛中获胜而欢呼雀跃,也会因一时的失败而垂头丧气。从情感的发生和发展看,中学阶段学生的情感特征主要表现为情感强烈而容易冲动,情感丰富而不稳定,情感表现具有间接

---

[1] 张力为,毛志雄. 运动心理学[M]. 北京:高等教育出版社,2007.

性，情感发生的心境性、情操逐渐形成，与社会需要相联系的高级情感也在逐渐发展，高级情感包括道德感、美感和理智感。

意志是人们自觉地克服困难实现预定目的和任务的心理过程。小学生意志的独立性、果断性、坚持性和自制性都比较差，他们常依靠外部影响来完成某一活动。初中以后，学生的独立性和坚持性都迅速发展，果断自控能力也随之增强。处处表现出精力旺盛，相信自己力量无穷，但在认识水平上还没有发展到与体力相匹配的程度，容易过高估计自己的力量，以致容易草率地做决定和仓促行事。到了高中阶段，学生的独立性和自控能力均趋于稳定，意志力显著增强，并且对自我有了正确的认知。

依据学生情感和意志发展特点，在体育教学设计过程中，小学阶段可以安排丰富的教学内容，采用多样化教学方法，创设不同教学情境，增加小学生学习体验，但每一项教学内容都要设置一定的规则，使其在规则的允许下进行基本动作学习。到了中学阶段，可以多进行分组练习，同时进行角色分工，赋予每一个学生职业角色，通过竞争与合作的学习方式，既使学生体验竞争的刺激，也使学生体会角色担当和责任。同时通过比赛输赢来培养学生正确的胜负观。高中阶段则可以采用教学反思和教学创新方式，使学生积极地对动作学习行为、情绪掌控进行及时反思，在反思中总结经验，在调控中有所创新。

三、学生个性发展特点及体育需求分析

个性是指个人整体的面貌，包括与他人相同的心理特征，也指某人区别于他人所具有的意识倾向性以及经常出现的较稳定的心理特征的总和。个性包含个性心理特征和个性倾向性两个方面。个性心理特征由气质、性格和能力三方面因素组成。气质可分为胆汁质、多血质、黏液质和抑郁质四种类型。胆汁质的人易暴躁、精力旺盛；多血质的人热爱交际、活泼好动；黏液质的人安静沉稳、踏实可靠；抑郁质的人多愁善感、不善交际。个性倾向性由需要、动机、兴趣、信念和世界观等构成。对于中小学生来讲，动机和兴趣是其个性心理的集中表现。小学生直接动机占主导地位，随着年级的升高，间接动机更显重要。

依据学生个性发展特点，体育教师应根据气质类型特点组织教学，如对于抑郁质类型的学生，教师要采用委婉暗示的方式教育他们，多关心和爱护，不当众严格批评和指责他们。此外，就学生的体育兴趣而言，小学生一般具有广泛多样性，因为他们对各项运动都感兴趣。到中学阶段，体育兴趣不断分化，并表现出明显的性别差异，男生大多喜欢负荷量大，竞赛性强，能表现机智、

灵活、敏捷的运动项目，如球类、田径、武术等；女生则喜欢动作轻快、优美、节奏韵律感强、运动强度不太大的运动项目，如舞蹈、艺术体操、球类项目等。因此，体育教师应有计划、有组织地加强体育锻炼目的性的教育，端正学生的锻炼动机，使之成为推动学生自觉学习、锻炼和从事专项训练的动力。

第三节　学生社会发展需求分析

学生社会发展特征主要从学校体育特征、家庭体育特征和社区体育特征三个方面的协同发展上分析学生对体育的需求，主要目标是在体育教学及训练中，构建由学校、家庭及社区组成的"三位一体"的体育教育模式，通过学校体育的技能传授与基础训练、家庭体育的兴趣练习与互动锻炼、社区体育的形式多样与休闲娱乐等，有效增强学生的身体素质，促进学生的全面发展[1]。

一、学校体育特征及需求分析

学校体育是教育的重要组成部分，它是以在校学生为参与主体的体育活动，通过培养学生的体育兴趣、态度、习惯、知识和能力增强学生的身体素质，培养学生的道德和意志品质，促进学生的身心健康。

对于学生的需求分析，主要从体育教学、课外体育活动、运动训练和体育比赛、早操和课间操、科学的作息和保健措施五个方面进行。在体育教学中，主要以体育课为主要形式，教师首先要通过热身运动使学生身体进入到运动状态，避免学生在运动过程中受伤，接着传授学生各类运动中的技巧、动作要领及注意事项。在课外体育活动中，主要是由学校或学生自行组织，以学生体育锻炼为主要目的的活动内容。使学生掌握课外体育活动中的技巧，取得更好的锻炼效果，如跑步过程中的呼吸节奏、立定跳远时的动作、跳高时的身体调节及克服恐惧等，使学生掌握基础的体育技巧，并通过身体训练培养良好的心理素质。在运动训练和体育比赛中，主要是运动代表队训练和各种形式的体育比赛，如班级赛、校际赛和各类选拔赛，以及地区和全国性比赛等，主要帮助学生进行每日运动训练，积极养成"教会、勤练、常赛"的锻炼模式。在早操和课间操练习中，早操多由学生个人自由锻炼或学生自由组合锻炼，课间操多为

---

[1] 李聚虎. 论学校、社区、家庭三位一体式体育教学[J]. 科普童话，2018（35）：59.

有组织的徒手体操活动，在缓解学生学习压力的同时，促进学生的身心健康成长。在科学的作息和保健措施上，旨在保证学生足够的睡眠、休息和锻炼时间，同时要讲究卫生、注意营养、预防疾病发生等，使学生学会科学锻炼身体的方法，培养学生从事体育运动的态度、兴趣、习惯和能力，最终养成终身体育锻炼的习惯。

二、家庭体育特征及需求分析

家庭体育是由家庭成员自发组织和参与的，活动形式、项目、场地灵活多样，以通过体育锻炼活动来满足兴趣爱好、获得运动知识技能、丰富家庭生活，达到休闲娱乐、实现强身健体和促进家庭稳定目的的教育过程和文化活动。

与学校体育相比，家庭体育的引导者侧重于学生的主要家庭成员。家庭体育具有很强的灵活性，主要目的是帮助孩子养成良好的体育习惯，培养孩子进行体育运动的兴趣，增强孩子的身心健康，为社会主义建设事业培养更高质量、更高规格的预备人才[1]。但家庭体育也离不开体育教师，体育教师会在学校给学生安排家庭体育作业，并针对出现的问题积极与家长进行沟通，搭建学校和家庭体育联合教育，使学生在休息日及假期内坚持进行体育锻炼。在家庭体育教育中，可以结合学生的兴趣，家长与学生共同锻炼。在实施过程中，教师可以通过电话、微信等途径与家长进行沟通，了解家长在实施家庭体育教育中存在的问题，并且提供帮助和解答。同时对问题进行记录，以便体育教师进行体育教育反思和研究。教师还可以通过班级微信群保持与家长的沟通，在微信群里集中解答家长在进行家庭体育教育中普遍存在的问题，可以大大提高工作效率，同时，家长在微信群内也可以相互就家庭体育教育问题进行交流，相互借鉴学习。既可使学生的锻炼时间得到保障，又有效提升了学生体质健康水平和运动技能，同时还增进了亲子之间的感情。

三、社区体育特征及需求分析

社区体育是由特定社区的居民在社区范围内就近组织和参加，运用社区内的简易体育器材和设施，通过形式多样的活动项目达成强身健体、休闲娱乐、社会交往等目的的群众体育活动。

---

[1] 钟世亮.如何引导家长做好家庭体育教育[J].家庭生活指南，2021，37（6）：27-28.

多数人认为，社区体育的主要对象是成年人，但随着人们生活水平的提高和社区体育设施的改善，中小学生参与社区体育的规模也越来越大。社区体育可以帮助学生进行放松锻炼与技能训练。充分利用社区的地方特色体育项目，以及具有地域性特点的资源设施进行科学锻炼，可以有效地帮助学生拓展锻炼的途径，从而养成良好的体育锻炼习惯。例如，地方特色体育项目具有深厚、广泛的群众基础，简单易学、发展空间广阔、群众参与性强。当前，有些社区建有篮球场，教师可以通过不同方式引导学生在节假日跟家长或是朋友一起在社区打篮球比赛，既提高篮球技能，又促进身心和谐、增进团队协作意识。同时，也可以利用社区内的休闲运动设施，锻炼学生手臂、腹部及腿脚等部位的肌肉群，降低中小学生的肥胖率，还可以促进学生增长身高。

第五章　体育课堂教学目标设计

我国体育课程教学改革从目标方向和价值追求变迁来看，经历了从"三基"到"三维"再到核心素养三个阶段，这三个阶段形成了我国体育课程教学改革特有的轨迹和路径，并产生了特有的体育课程教学思想和理论。其变迁过程体现了从体育学科知识技能到体育学科本质再到体育学科育人价值的转变，从而使体育与健康课程教学不断地回归人、走向人、关注人，进而实现真正的以人为本，人成为教育教学真正的对象和目的。

1978年，教育部重新修订和颁布《全日制中学暂行工作条例（试行草案）》《全日制小学暂行工作条例（试行草案）》，并据此对中小学包括体育学科在内的各科教学大纲进行修订。作为体育课程教学改革的纲领性文件，在教学内容、教学方法和教学评价上围绕掌握"三基"目标进行组织。教学活动只是教材的展开过程，教师是教材的代言人，学生的学习是对基本知识、基本技术和基本技能的掌握，突出反映了知识本位的特点。2001年6月教育部印发《基础教育课程改革纲要（试行）》，该文件明确提出"三维目标"的价值追求。紧随其后，教育部分别于2001年7月和2003年4月颁布了义务教育阶段《体育与健康课程标准》和普通高中《体育与健康课程标准》。新课标在目标的阐述上全面体现了"知识与技能、过程与方法、情感态度与价值观"三位一体的课程价值追求，体育与健康课程具体体现在运动参与、运动技能、身体健康、心理健康和社会适应五个领域目标，从而与过去的教学大纲有了显著性的区别。

2014年3月，"核心素养"首次出现在《教育部关于全面深化课程改革　落实立德树人根本任务的意见》中，并被置于深化课程改革、落实立德树人根本任务的首要位置，成为修订课程方案、研制学业质量标准的重要依据。自此，"三维目标"走向核心素养，引领课程标准从"内容"走向"成就"，更加凸显人的发展，成为《体育与健康课程标准》修订的一根红线，贯穿《体育与健康课程标准》修订的全过程，统领《体育与健康课程标准》修订的各个部分，并指导体育与健康课程教学内容、教学组织形式、教学方法和评价方式的选择以及学业质量标准的确定。2018年1月，教育部颁布实施《普通高中体育与健康课程标准》，标志着核心素养正式进入课程教学，明确体育与健康学科核心素养，即运动能力、健康行为和体育品德。

从课程观来看，核心素养强调课程的育人价值。每个学科对学生发展的价值除了一个领域的知识外，从更深的层次看，至少还包括学科的发现方式、认识方式、思维方式以及学生学习过程的体悟和感受。英国著名作家培根说："读史使人明智，读诗使人灵秀，数学使人周密，科学使人深刻，伦理学使人庄重，逻辑修辞之学使人善辩，语文使人渊博，音乐使人活泼，美术使人高深，凡有所学，皆成性格。"这就要求在实践教学中，不能仅在学科知识体系和知识点上下功夫，还要深入学科的内核，挖掘学科的独特育人价值，在培育学生学科核心素养上凝心聚力。

显而易见，核心素养较于三维目标，在课程教学改革的思想和方向上又前进了一大步。三维目标较于"三基"，相对完整地反映和体现了学科的内涵和教育取向，核心素养则在此基础上进一步凸显和强调学科的本质和育人价值。可以说，三维目标是教育由学科教学转向育人的起点，核心素养则真正地使教育回到人的身上。

第一节 体育课堂教学目标设计概述

教学目标设计是教学设计的关键环节之一，不仅为教学活动指明方向，还制约着教学实施的过程与方法，并为教学评价提供依据。教学目标设计直接影响着体育教学质量，并最终影响学生体育与健康学科核心素养的培育。

一、体育课堂教学目标设计的概念

1934年，美国俄亥俄州立大学的泰勒首次提出了"教学目标"一词，此后，人们对教学目标做出了不同的界定。中国《教育大辞典》将教学目标界定为"教学中师生预期达到的学习结果和标准"。教学目标是在一定的时间范围内教学所要达到的预期结果，既是体育教学的出发点，也是体育教学的归宿。教学目标要依据课程目标进行设计，它是教育目的、培养目标和课程目标的具体体现，三者关系如图5-1所示。体育课堂教学目标是由体育教师依据课程目标制订的，是教学过程中师生预期要达到的学习结果和标准。它对体育教学活动具有较强的指导性，同时也具有一定的灵活性[1]。

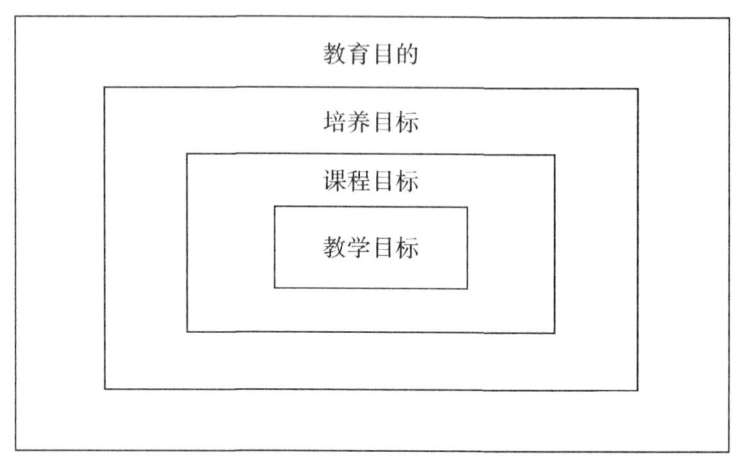

图5-1　教育目的、培养目标、课程目标与教学目标的关系[2]

教学目标设计是对教学应达到的结果或标准的预设。体育课堂教学目标设计是指体育教师依据体育与健康课程目标，结合中小学生的身心发育特征及教材特点，确定通过学习体育知识和动作技能后，学生将达到一种什么样的行为状态，并将学生通过体育学习后所达到的最终行为状态用具体、明确、可操作、可测量的结果或标准表述出来的过程。

二、体育课堂教学目标设计的功能

1. 激励功能

目标是个体对活动预期结果的主观设想，是在人的头脑中形成的一种主观意识形态。美国马里兰大学管理学兼心理学教授Ediwin A. Locke于1968年提出了目标设置理论，他认为，目标本身具有激励作用，目标能把人的需要转化成动机，使人们的行为朝一个方向努力，并将自己的行为结果与既定的目标相对照，及时进行调整和修正，从而能实现目标[3]。因此，体育教师在教学中设计科学合理的体育课堂教学目标能够有效地激励学生的体育学习。体育课堂教学

---

[1]周登嵩.学校体育学［M］.北京：人民体育出版社，2004.

[2]钟启泉.课程论［M］.北京：教育科学出版社，2007.

[3]季浏，殷恒婵，颜军.体育心理学［M］.第3版.北京：高等教育出版社，2016.

目标能否成功激发学生的学习动机,一方面取决于目标价值是否被学生认同,另一方面与目标难易程度有关。所以,体育课堂教学目标的价值要想被学生认同,就必须与学生的内部需要相一致。体育课堂教学目标只有符合学生的内部需要,才能够激发学生的学习动机,引起学生的兴趣,从而转化为学生积极参与体育教学活动的动力,同时,目标的难度也要适宜,明确、具体、切实可行的教学目标才能真正实现激励功能。

2. 定向功能

体育教学的最终结果是要达成教学目标,而教学目标的实现则需要体育教学内容和体育教学方法等诸多要素的配合。教学目标的确立需要相应的教学内容和教学方法来实现。体育课堂教学目标制约着教学设计的方向,为体育教学过程提供指导。因此,体育课堂教学目标设计要以实现预期结果为前提,教师对教学方法、教学组织形式的选择、场地器材的使用以及教学情境的创设等,都要以体育课堂教学目标为依据,并指向一定目标的达成。只有明确了体育课堂教学目标,才能保证体育教学设计的科学性和有效性。

除了为具体的教学设计提供方向,体育课堂教学目标还可以通过影响人的注意为体育教学中的师生活动指明方向,从而避免教学中的盲目性。明确具体的体育课堂教学目标,有助于引导师生将注意集中到与目标有关的因素上,排除无关刺激的干扰,保证目标的顺利实现。一般来说,目标指向正确,易产生正向效果;目标指向错误,将会导致负向效果。因此,在体育教学开始阶段,就要向学生指明教学目标,并以此来引导学生,发挥目标的导向作用,保证积极的教学效果。

3. 反馈功能

体育课堂教学目标预先规定了体育教学的大致进程,体育教学活动的展开过程就是不断实现体育课堂教学目标的过程。由此可见,体育课堂教学目标不仅在方向上对体育教学起着指导作用,而且在教学过程中也具有反馈教学效果的作用。从设计教学目标出发,检查体育教学工作实现目标的程度。通过不断的信息反馈,反复纠正教学活动中的偏差,使一切教的活动和学的活动都紧紧围绕教学目标的实现来进行,以提高教学效能。

4. 评价功能

教学评价是体育教学的重要环节,体育教学过程与结果的优劣必须通过适时的教学评价，才能获得相应的信息，了解教学目标的实现程度，实现体育教学过程的最优化。而在体育教学活动中，评价教学效果的主要依据就是体育课堂教学目标，通过客观指标来衡量教学效果是否达到或在何种程度上达到既定目标。因此，为发挥体育课堂教学目标的评价功能，首先要制定可行、可测量的体育课堂教学目标。如果缺乏科学、客观的衡量标准，测验的效度、信度、难度、区分度都将失去合理的保障，导致衡量和检验教学成果的失误。从这个意义上说，科学、合理的体育课堂教学目标是检验体育教学效果、确定客观评价的基础和标准。

三、体育课堂教学目标设计的原则

体育课堂教学目标的设计是由教师发出的，但其最终的落脚点是学生。因此，教师应站在学生的角度，参考SMART原则进行目标设计。即明确性（S，specific）、可测量性（M，measurable）、可达成性（A，attainable）、相关性（R，relevant）、时效性（T，timely）[1]。

1. 明确性

明确性，指要用具体明确的语言清楚地说明要达成的行为标准。在进行体育教学目标设计时，对目标的设定越具体越好，只有具体目标才是有效目标。例如，"发展上肢力量和灵活性"，只描述了要发展什么，没有描述在什么条件下发展以及怎样去发展，这样的教学目标失去了作为特定课堂和特定教学内容的目标意义。有效目标能够提升教学效果，在进行教学目标的设计时，切忌模棱两可、目标不清晰或根本没有目标。

2. 可测量性

可测量性，指目标应该是明确的，应有明确的数据作为衡量目标达成的依据。若设计的目标无法衡量，则无法判断这个目标是否已达成。具体的教学目标，需要通过一定的方法或手段对其达成度进行检验，如运动技能维度的教学目标，可通过某种工具进行直接测量。但是，并不是所有的教学目标都可以用数据进行衡量，如体育情感维度的教学目标就无法实现数据化。因此，在进行体育教学目标的设计时，应遵循"能量化的量化、不能量化的质化"原则。例

---

[1] 李卫东，王晓赞. 体育课程教学模式 [M]. 北京：高等教育出版社，2018.

如，在二年级的攀登与爬越课中，运动技能维度目标为"能够在180厘米高的绳架上手脚依次攀登"等，情感维度的目标为"能与伙伴积极交流攀登绳架等活动时的心理感受"等。

3. 可达成性

可达成性，指教学目标是能够被学生所接受的，是通过努力可以达成的。如果目标是无法实现的，那么花费再大的功夫来制定和衡量都毫无意义。体育教师在制定教学目标时，应充分考虑学生的现有能力水平，制定可为大多数学生实现的目标，并充分了解可利用的资源条件，促使学习目标的达成。切忌制定不切实际、难以实现的目标。

4. 相关性

相关性，指实现此目标与其他目标的关联情况。如果实现这个教学目标与其他目标完全不相关或者相关度很低，那么，这个目标即使达成，意义也不是很大。在进行体育课堂教学目标设计时，不仅要注意运动能力、健康行为、体育品德、体育情感四个维度之间的关联性，还要注意教学目标与实际应用的联系，理解该目标对现实生活的意义。通过教学目标的达成，学生不仅学会了知识，也懂得了如何应用学过的知识，使教学目标最大效益化。

5. 时效性

时效性，指教学目标是有时间限制的，应及时完成目标并给予反馈。体育课堂教学目标是否达成，以及何时达成，都是师生较为关注的问题。长期目标需要学生花费更多的时间才能完成，而短期目标则相反。达成目标的时间长短决定了反馈的类型，相比延迟反馈，及时反馈对于学生的吸引力更大。所以长期目标相较短期目标更难以调动学生的积极性。因此，在设置体育课堂教学目标时，应采用长期与短期相结合的方式，短期目标是为了保持学生持续学习的兴趣，长期目标则是为了学生更长远的发展进步。

第二节 体育课堂教学目标设计维度

课堂教学是落实学生核心素养最微观、具体的层面，是核心素养能否真正落地、课程目标能否达成的重要环节。因此，课时教学目标应依据体育与健康学科核心素养和现有课程的"三维目标"体系，结合体育与健康学科特点及目标确定需明确具体的要求来进行设计，使所设计的课时目标可教、可学、可测量、可评价。基于以上因素，课堂教学目标将从运动能力、健康行为、体育品德和体育情感四个维度进行设计。

一、运动能力目标

运动能力是体能、技战术能力、心理能力等在身体活动中的综合表现，是人类身体活动的基础。运动能力分为基本运动能力和专项运动能力[1]。其中，基本运动能力是从事生活劳动和运动所必须的能力，如位移能力，即身体从一个地方移动到另一个地方的能力，主要动作技能包括走、跑、跳、滑步等；操控能力是指身体通过控制某种器械进行运动的能力，主要动作技能包括拍、投、接、传、踢、打等；稳定能力是指维持平衡对身体进行控制的能力，主要动作技能有滚翻、旋转、扭动和屈伸等；专项运动能力是参与某项运动所需要的能力，如篮球运动能力、足球运动能力、跳远运动能力等。综上所述，运动能力是指向学生学习与发展，聚焦学生日常生活劳动、参与体育活动以及从事体育锻炼或训练所具备的能力，具体表现形式可以概括为运动认知能力、技战术运用能力、体能、体育展示与比赛能力。作为高阶目标，运动能力是运动认知能力、技战术运用能力、体能、体育展示与比赛能力的综合表现，而不是单纯的知识与技能的掌握程度。通过本课程学习，掌握1～2项运动技能及其裁判知识和竞赛规则，能够参与组织体育展示或比赛活动；能够独立或合作制订和实施体育锻炼计划，并能够作出科学合理的效果评价及调整；可显著提升日常生活劳动能力。

二、健康行为目标

健康行为是增进身心健康和积极适应外部环境的综合表现，是提高健康意识、改善健康状况并逐渐形成健康文明生活方式的关键[1]。健康行为是健康生活的具体表现和反映，也是一个人幸福生活的基石和保障。健康行为包括作

---

[1] 中华人民共和国教育部. 普通高中体育与健康课程标准[M]. 2017版. 北京：人民教育出版社，2018.

息、饮食、锻炼、卫生、保健、安全等方面的行为习惯以及情绪调控与适应外部环境的能力。健康行为作为体育与健康课程教学的高阶目标，有其独特的育人价值与意义。体育的目的是健康，而健康的生活方式离不开体育，可以说，体育与健康相伴相依。学生在学习体育、从事体育锻炼、参与体育活动中会自然而然地养成良好的作息习惯、饮食习惯、卫生习惯、保健习惯、安全意识，提高情绪调控能力以及积极适应外部环境的能力，并在生活中关注健康、珍爱生命、热爱生活，养成健康文明的生活方式。

三、体育品德目标

体育品德是指在体育运动中应当遵循的行为规范以及形成的价值观追求和精神风貌，包括体育精神、体育道德和体育品格三个方面[1]。其中，体育精神是指体育运动中表现出来的对人的发展具有启迪和影响作用的思想作风或意识形态，包括自尊自信、勇敢顽强、积极进取、超越自我等；体育道德是指体育运动过程中表现出的行为准则和道德规范，具体包括遵守规则、诚信自律、公平正义等；体育品格是指体育运动过程中个体在处理人与自我、人与他人、人与事件之间关系时表现出的品行，包括文明礼貌、相互尊重、团队合作、社会责任感、公平正义等。通过体育与健康课程学习，学生能够自尊自强，主动克服困难，具有勇敢顽强、积极进取、挑战自我、追求卓越的精神；正确对待比赛的结果，胜不骄、败不馁；能胜任不同的运动角色，表现出团队合作与负责任的行为；遵守规则、文明礼貌、尊重他人，具有公平竞争的意识和行为[1]。

四、体育情感目标

体育情感目标是指在体育活动中生成的运动兴趣、动机、意志、性格、信念等非智力因素，是终身体育意识与习惯养成的关键，具体表现形式包括运动参与、体育价值观、体育态度和信念等。通过本课程学习，帮助学生选择1～2项适合自己的运动项目，并作为兴趣爱好，能够长期坚持锻炼或参与组织相关比赛活动。

---

[1] 中华人民共和国教育部. 普通高中体育与健康课程标准［M］. 2017版. 北京：人民教育出版社，2018.

表5-1 主要位移技能发展阶段及其特点一览表

一级指标	二级指标	指标说明
运动能力	运动认知	①掌握科学健身的知识和方法 ②能够独立或合作制订和实施体育锻炼计划 ③了解常见的运动损伤的预防与处理 ④掌握1~2个运动项目的裁判知识与竞赛规则
	运动技能	①运用基本运动技能的能力，包括位移技能、稳定技能和操控技能 ②运用专项运动技能展示、表演、锻炼和参与比赛的能力
	发展体能	①掌握身体素质训练的知识与方法 ②知道测量与评价体能水平的方法 ③能够独立或合作制订体能锻炼计划制订的程序与方法 ④实践应用有效控制与改善体形的方法
	锻炼习惯	①积极主动参与校内外体育活动 ②掌握科学锻炼方法，养成良好锻炼习惯，形成基本健康技能 ③学会自我健康管理，养成健康文明的生活方式
健康行为	情绪调控	①知道体育活动调控情绪的作用 ②学会运用体育活动的方法调控情绪，提高抗挫折能力，改善心理健康状况
	适应能力	①提升适应自然环境变化的能力 ②学会与他人、与社会和谐相处的方法 ③提高生存和生活能力
体育品德	体育精神	在体育运动中表现出自尊自信、勇敢顽强、积极进取和超越自我等
	体育道德	在体育运动中表现出的行为准则和道德规范，包括遵守规则、诚信自律、公平正义、正确胜负观等
	体育品格	在体育运动中表现出的文明礼貌、相互尊重、团队合作、社会责任感、公平竞争等
体育情感	体育动机	激发学生体育需求和求知欲望，培养学生参与体育运动的意愿
	体育态度	体验享受体育乐趣、感受体育魅力，引导学生喜欢体育，表现出积极进取的学习态度和生活态度
	体育信念	帮助学生树立正确的体育价值观、健康观和生命观

运动能力、健康行为、体育品德、体育情感作为体育与健康学科核心素养的四个维度，既彼此独立，又相互依存，四个方面内容指向四个不同维度的目标，同时这四个目标在达成过程中又是相互渗透、不能割裂的，共同促进学生成长为"完整的人"。从学生核心素养形成过程及其机制来看，运动能力是学生体育与健康学科核心素养形成的关键，是显性的，能看到变化的目标内容。可以说，运动能力是健康行为、体育品德和体育情感养成的重要途径[1]，或者说健康行为、体育品德和体育情感是在运动能力形成、应用实践和迁移创新过程中内化生成的。健康行为是运动能力发展、体育品德和体育情感养成所指向的最终目标，也是体育与健康课程的终极目标。体育品德是运动能力发展、健康行为和体育情感养成的保障，是体育与健康课程的灵魂。体育情感是运动能力发展、健康行为和体育品德养成的动力源泉。

第三节 体育课堂教学目标表述方法

通过整理分析现有体育课程教学方案发现，传统教学目标表述，聚焦于知识、技能和情感三个维度，注重体育知识、技能的掌握程度，如运用了解、认识、熟悉、理解等词汇表述知识的掌握程度；运用初步、熟练、完全、形成等词汇表述运动技能的掌握程度；运用体验、提高、促进、发展、增强等词汇表述情感的发展程度。近年来流行一种概率性目标表述方法，如利用百分数来表述有多少学生掌握体育知识或技能达到什么程度。从以往关于体育课程教学目标表述使用的词汇来看，过于含糊、笼统，不同领域目标之间缺乏联结性和层级性，只见形式、不见内容，很难起到引领体育课程教学设计与实施的作用。

目前，体育课堂教学目标表述的方法，主要包括行为目标表述法、格朗伦的内外结合目标表述法、艾斯纳表现性目标表述法三种。就体育教学而言，使用比较广泛的是行为目标表述法。行为目标表述包含四个要素：行为主体（audience）、行为活动（behavior）、行为条件（condition）、表现程度（degree），简称"ABCD法"。

---

[1] 姚蕾，李铭函. 运动能力、健康行为、体育品德之间的关系及其教学建议[J]. 体育教学，2019（1）：19-21.

一、行为主体

行为主体指的是学生。体育教学目标所预期和描述的是学生的行为，而不是教师的行为。因此，规范的教学目标开头应该是"学生……"。事实上，在表述教学目标时，行为主体一般略去不写，但表述的方式应明确体现出学生是行为完成的主体，如"（学生）能说出单手肩上投篮的动作要领"。若写成"让学生学会……"或"发展学生……"，则会变为教师的行为，导致教学目标的行为主体错误[1]。

二、行为活动

行为活动是指用以说明学生在学习后应获得怎样的知识和技能，态度会有何变化等，要用可观察、可测量的术语——行为动词来描述学生所形成的可观察、可测量的具体行为（参见布鲁姆教学目标分类体系及可选动词表）。表述课堂教学目标一般用动宾结构、行为动词说明学习的类型，用宾语说明学习的内容。如"说出""列举""做出"等具体行为动词，加上说明学习内容的宾语，这样构成的教学目标是可观察、可测量的，如（能）说出行进间运球的动作要领；（能）做出行进间运球的动作；（能）列举3～4种形式的跳跃动作[1]。

表5-2　布鲁姆教学目标分类体系及可选动词用法[2]

目标领域	水平层次	动词用法
认知领域	记忆	定义，列出，解释，记住，名称，标识，状态，顺序，定位，重复
	理解	解释，翻译，阐述，定义，重述，推断，总结，讨论，选择，报告，假设，分类，举例，澄清，释义，结论
	应用	应用，实现，使用，改变，演示，修改，展示，证明，描述，实践
	分析	回顾，区分，组织，发现，整合，选择，聚焦，区分
	评价	检查，批评，测试，证明，评论，欣赏
	创造	创造，发明，计划，产生，设计

[1] 董翠香.小学体育与健康教学设计［M］.北京：高等教育出版社，2019.
[2] B.S.布鲁姆，等.教育目标分类学：第一分册　认知领域［M］.罗黎辉，等，译.上海：华东师范大学出版社，1986.

（续表）

目标领域	水平层次	动词用法
动作技能领域	知觉	觉察，领会，发觉，感觉到，意识到
	定向	联想，比较，分析，联系
	有指导的反应	模仿，探索，尝试
	机械动作	做出，完成，执行
	复杂的外显反应	做出，完成，实现，表现出，解决
	适应	改变，变换，调整，适应，调试
	创新	创造，产生，发明，生成
情感领域	接受	接受，接纳，认可，同意，承认
	反应	反应，反馈，表达，表明，折射
	价值评价	评价，分析，判断，评析，评议，辨明
	价值观的组织	组织，融合，建构，架构，组合，建立，解释
	价值观的个性化	养成，建立，建构，形成，塑造，展现

三、行为条件

行为条件是指影响学生产生学习结果的特定限制或范围，主要说明学生在何种情境或条件下完成指定的操作。在描述教学目标时，行为条件的表述一般有以下三种：①提供信息或提示，如"利用垫子和我们的身体创编钻山洞的游戏"；②明确时间的限制，如"在一节课中学会三种以上的跳跃动作"；③明确完成行为的情境，如"在课堂交流时，能表达在活动中进步与成功的方面"。

四、表现程度

表现程度是指学生达到目标的最低表现水准，用以评价学习表现或学习结果所达到的程度。一般采用定量的指标或标准，如"至少学会三种抛、掷轻物体的方法"，具体如表5-3所示。

表5-3　ABCD目标表述一览表

要素	主要问题	举例
行为主体	完成目标的对象	学生
行为活动	做什么	单手肩上投篮练习
行为条件	在什么条件下完成	3次机会
表现程度	达到什么程度	投10次中7次为优秀；投10次中4次为合格

"ABCD"法也适用于体能领域、体育品德和健康行为领域目标表述。

体能领域目标表述，通常运用学生身体练习要素（如个数、次数、距离、时间、高度、远度），表述学生预期实现的教学目标，例如，学生通过阶段性的下肢力量练习后，立定跳远成绩提升不少于3厘米。

体育品德领域目标表述，主要是针对学生学习过程中的优秀行为表现（如积极挑战、团结协作、突破自我、超越同伴、坚持不懈等），表述学生预期实现的教学目标，例如，学生积极克服无氧运动带来的肌肉酸痛、不断挑战蛙跳的距离，突破自己的成绩不少于3次。

健康行为领域目标表述，主要是针对学生学习过程中稳定的行为表现（如锻炼习惯、情绪控制和适应能力），表述学生预期实现的教学目标，例如，学生能够坚持每周打卡不少于3次；学生认真遵守课堂规范，在单元学习过程中没有出现不当行为。

综上所述，体育课堂教学目标的表述，应注意以下事项：

首先，体育教学目标设计要明确具体、层次清晰、可测可评，即学生能够看得见，能实现，感受得到变化的知识、技能、体能、品德与健康行为目标，如由不知到知、由不能到能、由不会到会、由不懂到懂的明显改变，以充分发挥目标的导向、激励、证明和诊断的作用。

其次，当代体育教学是以单元或模块为教学单位，而不是以某一节课为独立的教学单位。但单元教学目标不能代替课时教学目标。因为课时教学目标是学生经过一节课的学习和锻炼的体验与收获，所以课时目标设计不能面面俱到，而是要充分依据单元教学进度，结合教学内容，突出重点，明确一个课时的教学预期实现的结果，一般是3个教学目标。

最后，要区分学习目标和教学目标，支持学生在学习锻炼中追求自己的目标。教学目标是所有学生都应达到的学习目标；而学习目标则是学生自己确定的目标。不同学生的兴趣爱好、认知基础和运动能力等方面存在差异，所以学习目标也不完全相同。

第四节　体育课堂教学目标设计常见问题

体育课堂教学目标表述应明确、具体、可操作、可评价。由于体育与健康教学目标体系的多层次性和教学目标维度的多元性，导致体育教师在进行课堂教学目标表述时常出现四个方面的问题，即教学目标与课程目标混淆、教学目标分类混乱、行为主体错位、目标表述模糊。

一、教学目标与课程目标混淆

课时教学目标与教育目的、课程目标、四个学习方面的目标、水平目标混淆。如"使学生体验运动的乐趣和成功"是课程目标，而"初步发展柔韧性和灵敏性"是课程的水平目标。学校教育目的、体育课程目标、四个学习方面的目标、水平目标逐级具体化，这些目标是课时教学目标的上位目标，是设计课时教学目标的重要依据。课时教学目标一定要明确、具体、可操作，并与较为宏观的课程目标、学年和学期教学目标区分开来。把"培养不甘落后、敢于展示、积极合作的良好品质""学习合作互助、团结协作和克服困难的精神"作为课时目标明显是不合适的。课时教学目标撰写一定要结合具体的学练活动来详细说明。

- **案例描述**

教学对象：小学二年级学生。

教学内容：①拍球练习（校本教材）；②自主创造游戏（小学二年级）。

教学目标：

①运动参与：能积极主动地参与拍球等游戏活动。

②运动技能：体验球感，学习拍球的基本方法。

③身体健康：发展上肢力量和关节的协调、灵活和时空感知能力。

④心理健康：能感受拍球及游戏活动的快乐。

⑤社会适应：培养学生的主体意识、创新能力及团结合作精神。

- **案例分析**

本节课的教学目标是在义务教育阶段体育与健康课程标准指导下设计的课

时教学目标，根据水平一的五个学习领域来进行设计的，体现了全面性，但作为课时目标却缺乏针对性。

建议：根据本节课的具体学练活动，细化各领域的教学目标。如将身体健康维度的目标修改为"通过拍球练习和参与创造游戏，发展上肢力量和关节的协调、灵活和时空感知能力"。

二、教学目标分类混乱

"课程目标—学习方面目标—水平目标"的三级目标体系，为体育教师设计课堂教学目标提供了指导和思路。然而，部分体育教师直接按照《义务教育体育与健康课程标准（2011年版）》中的四大学习方面或《普通高中体育与健康课程标准（2017年版）》中的三大核心素养维度进行课时教学目标的设计，课时教学目标的设计仅是按照课程标准中的目标进行的分解细化，无法提升中小学体育教学质量和促进学生全面发展。

此外，有些教师常依据布鲁姆目标分类学中的"认知、技能和情感"三个方面进行课时教学目标设计，但这种目标分类缺失了体育课中锻炼身体、增强体能的目标，不够全面，因此应在此基础上进一步完善。在进行课时教学目标设计时，体能方面的目标常被忽略，虽然课堂教学中四个方面的目标不一定都要有所体现，但也并不是每节课都能体现出体能目标。

● **案例描述**

教学对象：小学四年级学生。

教学内容：①技巧：前滚翻；②游戏"钻山洞"。

教学目标：

①认知目标：知道前滚翻动作的基本方法和要领，了解前滚翻的锻炼方式、方法。

②技能目标：能够在保护与帮助下完成前滚翻的团身动作。

③情感目标：在练习中能与同伴主动进行交流，能较好地完成小组之间的配合，养成团结协作的集体主义精神。

● **案例分析**

本节课的教学目标是按照布鲁姆目标分类学的三大领域设计的，目标表述较为规范且明确具体，但缺少了体能领域的教学目标，忽视了目标设计的全面性。

建议：增加体能领域的教学目标，如"在钻山洞游戏中发展下肢力量和耐力素质"。

三、行为主体错位

传统的教学目标表述主要以教师为中心，常将教学目标表述为"通过……的练习，提高学生的……能力""通过对……学习，使学生掌握……运动技能"等。事实上，只有把教学目标转化为学生学习的目标，体现学生的主体性，才能深达学生学习的层面，指引和促进学生的有效学习。体育课堂教学目标不是教师在课堂上打算让学生达到什么样的目标，而是学生经过本节课的学习后会获得什么、会达到什么样的结果。因此，在教学目标的表述中，应注意目标的行为主体是学生。

● 案例描述

教学对象：小学二年级学生。

教学内容：①攀登与爬越：攀登绳架；②综合活动："户外达人"。

教学目标：

①让学生了解简单的攀登知识，体验在不同场景下手脚依次爬行的方法；在保护与帮助下掌握手抓牢、脚踏稳三点固定依附攀登绳架的技术动作并会运用。

②使学生运用已学的攀爬方法主动地进行动作练习与身体活动，并使其在练习中表现出一定的安全活动意识。

③通过攀爬与综合活动，发展学生的平衡、协调、攀登能力，增强上肢、下肢力量。

④让学生与伙伴积极交流攀登绳架等活动时的心理感受，使其享受攀登游戏活动带来的快乐，养成合作学练的习惯。

● 案例分析

本节课的教学目标从体育认知、运动技能、体能和体育情感四个方面进行了表述，目标全面、明确、具体。然而，"让学生……""使学生……""发展学生……"的表述忽视了学生的主体性。

建议：将教学目标中的相关表述修改为"（学生）了解……""（学生）运用……"等，以体现学生主动参与学习的概念。

四、目标表述模糊

教学目标所描述的达成目标的载体过于概括和抽象，没有表述具体的、可直接检测的内容。如"发展上肢力量和灵活性"，只提出了要发展什么，没有阐明在什么条件下发展以及怎样去发展，因此失去了作为特定课堂和特定教学内容的目标意义，不是有效的教学目标。在进行体育教学目标设计时，对目标的设定越具体越好，只有具体目标才是有效目标。

● 案例描述

教学对象：小学三年级学生。

教学内容：①拍毽子；②综合活动：连连看。

教学目标：

①学习多人拍毽子的动作方法，初步掌握正确的拍毽方法，能够连续互拍10个以上；学习综合活动"连连看"的规则与方法，能够遵守规则进行比赛。

②增强上肢、下肢力量，发展速度、协调、灵敏等身体素质。

③培养对民体活动的兴趣，体验健身的乐趣；初步养成与同伴合作交往的意识和习惯以及提高积极探究的能力。

● 案例分析

本节课的教学目标虽然没有按照标准的目标分类进行设计，但仍然涵盖了认知、技能、体能和情感领域的教学目标，内容较为全面，且对运动技能维度的目标进行了量化，但体能维度的目标缺少了达成目标的载体。

建议：将第2条目标修改为"通过综合活动连连看，增强上肢、下肢力量，发展速度、协调、灵敏等身体素质"。

第六章　体育课堂教学内容设计

目标引领内容，内容是实现目标的载体，是开展教学设计与实施的主要抓手。教学内容往往制约着教学手段和方法，也直接关系到教学目标的实现。教学内容设计要解决的核心问题就是教师教什么和学生学什么的问题。基于学生发展核心素养的当代体育课堂教学内容设计，既要从纵向的角度考虑各学段体育课程教学内容的衔接问题，选择适合学生身心发展规律及特征的教学内容，也要从横向的角度考虑体育课堂教学内容的生成问题，加工能够发展学生体育学科核心素养的教学内容。

第一节　纵向体育课堂教学内容的选择

语文、数学、英语等学科有着清晰严谨的逻辑结构，从小学到大学早已形成了一套规范且成熟的课程内容体系，但体育与健康学科尚未完善。目前，大中小学体育课程内容体系一体化问题一直没有得到很好的解决。核心素养的提出，引领体育课程内容一体化建设，从以"学科教学"为中心向以"学科育人"为中心转型，聚焦不同学段学生在运动能力、健康行为和体育品德方面发展的关键期，针对性地选择加工内容。在这一方面，上海市教委走在了改革的前沿阵地，早在2011年，根据《中共上海市委　上海市人民政府关于切实提高青少年身心健康水平实施学生健康促进工程的通知》（沪委发〔2011〕15号）的精神，建立科学完善的学校体育教学体系，即"小学体育兴趣化、初中体育多样化和高中体育专项化"试点学校，经过多年的实践探索，已经取得了有目共睹的教学效果。

一、幼儿学段体育课堂教学内容选择

3～6岁年龄段是幼儿身体形态、生理机能、运动素质、动作协调发展的高速期，也是个性心理、习惯养成的重要时期。运动技能是目前我国体育课程教

学的主要内容和方向，以技能为主导的体育课程内容体系侧重于对运动项目的"超前"强化，单纯地追求知识技能的做法存在一定的问题，往往忽视了幼儿学习的客观规律和学习品质的培养。依据幼儿身心发展规律和特征，以幼儿基本动作发展和敏感期运动素质为主要内容，开展不同类型的体育游戏活动，如动作发展类游戏、体适能类游戏、卫生与保健类游戏、生活技能类游戏、角色扮演类游戏等培养幼儿体育兴趣，养成规则意识，发展体适能，提升幼儿从事生活、劳动和运动所需要的基本运动能力（表6-1）。

表6-1 幼儿学段体育课堂教学内容选择

学段	关键能力	必备品格	培育建议	项目设置
幼儿学段（3~6岁）	基本动作发展达到较高水平，具备从事生活、劳动和运动所需要的基本运动能力，如跳、投、翻滚、爬越、悬垂、抛接球等	体育情感：乐享体育游戏，积极参与体育活动 体育品德：遵守游戏规则，认识社会角色，建立玩伴关系等 健康行为：养成运动卫生与保健的习惯	幼儿阶段以幼儿基本动作和敏感期运动素质为主要内容载体，开展不同类型的体育游戏活动，动作发展类游戏、体适能类游戏、卫生与保健类游戏、生活技能类游戏和角色扮演类游戏等，发展幼儿基本动作、增强体质、规范行为等，在体育游戏活动过程中培养运动兴趣，体会运动快乐	快乐体操、舞蹈、游泳、趣味田径、武术、平衡车、基本运动技能区（角）等

二、小学学段体育课堂教学内容选择

7~12岁年龄段是儿童生长发育的突增期，是基本运动技能、心理发展、动作协调、习惯养成的关键时期，也是各项运动素质发展的敏感期。以儿童运动素质和基本运动技能为主要内容，将基本运动技能、运动素质、生活技能与运动项目相融合，开展游戏活动或体育比赛，培养学生积极参与体育活动热情，大幅度提升学生基本运动能力，养成体育卫生、营养、保健与安全习惯，培育竞争意识、团队精神和集体观念（表6-2）。

表6-2 小学学段体育课堂教学内容选择

学段	关键能力	必备品格	培育建议	项目设置
小学学段（7~12岁）	各项运动素质显著提升，具备从事生活、劳动和运动所需要的专项运动能力，如跳远、搬运、投掷、跳绳、舞蹈、球类项目比赛等	体育情感：积极参加体育活动，享受体育乐趣，具有浓厚的体育热情 健康行为：形成体育行为内驱力，养成主动、自觉的体育锻炼习惯 体育品德：在体育比赛或游戏中，展示出强烈的竞争意识、团队协作和集体主义精神	小学阶段以基本运动技能和敏感期各项运动素质为主要内容载体，将基本运动技能、运动素质、生活技能与运动项目相融合，开展游戏活动或比赛，培养学生积极参与体育活动热情，大幅度提升学生基本运动能力，养成体育卫生、营养、保健与安全习惯，培育竞争意识、团队精神和集体观念	游泳、体操、武术、田径、跳绳等以敏感期运动素质为主的运动项目以及球类项目

三、初中学段体育课堂教学内容选择

13~15岁年龄段的学生正处在青春期，身体形态、生理机能、运动素质增长较快，发展空间较大，尤其是少数运动素质。据此，以运动素质和运动技能学习为主要内容，开展运动素质类训练活动、运动技能多样化学习情境、生活化学习情境以及体育社团或体育俱乐部活动，在帮助学生了解多样化的运动项目基础上，选择并掌握1~2项运动技能，用于参与日常体育锻炼和体育比赛活动，并在体育竞赛活动中表现出遵守竞赛规则、团结友善、诚实守信和文明礼貌等品行（表6-3）。

表6-3 初中学段体育课堂教学内容选择

学段	关键能力	必备品格	培育建议	项目设置
初中学段（13~15岁）	敏感期运动素质显著提升，如男生爆发力、力量、耐	体育情感：培育正确的体育胜负观、体育健康观、体育强国观等	初中阶段以多样化的运动项目技能学习和敏感期各项运动素质训练为主要内容，开展运动素	球类项目、冰雪运动、新兴运动项目、传统体

(续表)

学段	关键能力	必备品格	培育建议	项目设置
初中学段 （13~15岁）	力，女生空间定向能力和平衡能力，基本掌握1~2项运动技能	健康行为：学会通过运动调节心理，掌握常见运动损伤发生机制及简单的处理方法，初步形成体育锻炼意识和习惯 体育道德：在体育竞赛活动中表现出遵守竞赛规则、团结友善、诚实守信和文明礼貌等品行	质类训练活动、运动技能多样化学习情境、生活化学习情境以及体育社团或体育俱乐部活动，在帮助学生了解多样化的运动项目基础上，选择并掌握1~2项运动技能	育项目等以专项运动技能为主的运动项目；武术、田径类运动、健美操类运动、游泳等以敏感期运动素质为主的运动项目

四、高中学段体育课堂教学内容选择

16~18岁年龄段，学生身体形态、生理机能、个性心理和社会性发展趋于成熟，少数运动素质，如力量、耐力素质仍具有较大发展空间。据此提出，高中阶段实施"专项化教学"，以专项技能的系统学习、训练和比赛为主要内容，通过形式多样的体育社团活动、体育俱乐部活动、课外体育竞赛活动、社区体育活动等形式，提升学生专项运动能力，培养学生终身参与体育意识和习惯（表6-4）。

表6-4　高中学段体育课堂教学内容选择

学段	关键能力	必备品格	培育建议	项目设置
高中学段 （16~18岁）	力量、耐力素质显著提升，并熟练掌握1~2项专项运动技能	体育情感：形成正确的体育胜负观、体育健康观、体育强国观等 健康行为：自主通过运动调节情绪或帮助他人调节情绪；积极改善健康状况，形成健康文明	高中阶段以专项技能的系统学习、训练和比赛为主要内容，通过形式多样的体育社团活动、体育俱乐部活动、课外体育竞赛活	球类项目、冰雪运动、新兴运动项目等以专项运动技能为主的运动项目；武术、田径类运动、健

(续表)

学段	关键能力	必备品格	培育建议	项目设置
高中学段 （16~18岁）		的生活方式 体育品德：在体育社团、体育俱乐部和体育竞赛活动中表现出自尊自信、勇敢顽强、超越自我和积极进取等素养	动、社区体育活动等形式，提升学生专项运动能力，培养学生终身参与体育锻炼意识和习惯	美操类运动、游泳等以敏感期运动素质为主的运动项目

五、大学学段体育课堂教学内容选择

19~22岁年龄段，学生的生长发育、个性心理和专项技能与体能发展基本稳定，社会性发展进入关键时期。据此，大学阶段体育课程内容体系应该以运动竞赛为主，通过体育协会或俱乐部，开展丰富多彩的体育竞赛活动，为学生提供专项技能展示的平台，促进学生养成终身体育锻炼习惯，并在体育竞赛中弘扬体育品德，彰显体育精神（表6-5）。

表6-5　大学学段体育课堂教学内容选择

学段	关键能力	必备品格	培育建议	运动项目
大学学段 （19~22岁）	具备1~2项参与体育锻炼或体育竞赛的专项技能	体育情感：具有浓厚的体育热情，正确的体育胜负观、体育健身观和体育强国观 健康行为：自主通过运动调控情绪；掌握较为系统的体育保健与康复知识以及运动损伤急救方法，能够科学合理地从事体育锻炼或竞赛 体育品德：在体育锻炼或竞赛中，表现勇敢顽强、团队协作、诚信自律、追求卓越的体育精神	大学阶段是以运动竞赛活动为主要载体，通过体育协会或俱乐部，开展丰富多彩的体育竞赛活动，为学生提供专项技能展示的平台，促进学生养成终身体育锻炼习惯，并在体育竞赛中弘扬体育品德，彰显体育精神	依据学校实际条件，依托地域特色和学科优势，结合学生体育需求和未来职业发展需要，设置运动项目

第二节 横向体育课堂教学内容的加工

核心素养导向的体育课堂教学，仅有知识的内容是不足以转化成能力和素养的，知识是能力、素养形成的必要基础，但不充分，还需要经过从陈述性知识到程序性知识，再到元认知知识的自觉主动认识方式，才能生成学科核心素养[1]。这是一个逐层递进、不断深入的认知过程，学生的学习不能仅停留在书本知识层面上，还要积极主动地将所学知识应用于实践，在实践中迁移创新，生成学习。所以，教师要在学生对学科知识学习理解的基础上，为学生选择加工深度学习内容，创设深度学习情境，帮助学生开展生成性学习。

就体育而言，其本质特征是肢体运动的实践性，核心内容是运动动作、运动素质、基本运动技能和专项运动技能及其相关的体育与健康知识，每项内容既独立自成体系，又相互依存、紧密联系。同时，体育又具有属人性、人为性和为人性，以肢体运动为基本手段，帮助人认识身体、使用身体、发展身体和保护身体。所以，体育具有较强的实践应用性，体育与学生学习、生活实际和社会实践紧密相关。因此，体育教师要在学生对体育学科知识与技能（包括运动动作、运动素质、基本运动技能、专项运动技能和体育与健康知识）学习理解的基础上，关联学生学习与生活实际（包括认识身体、发展身体、使用身体和保护身体及文化传承），为学生选择加工运用所学知识与技能，分析问题、解决问题的程序性内容和元认知内容（图6-1）。

---

[1] 曹一鸣，冯启磊，陈鹏，等. 基于学生核心素养的数学学科能力研究[M]. 北京：北京师范大学出版社，2017.

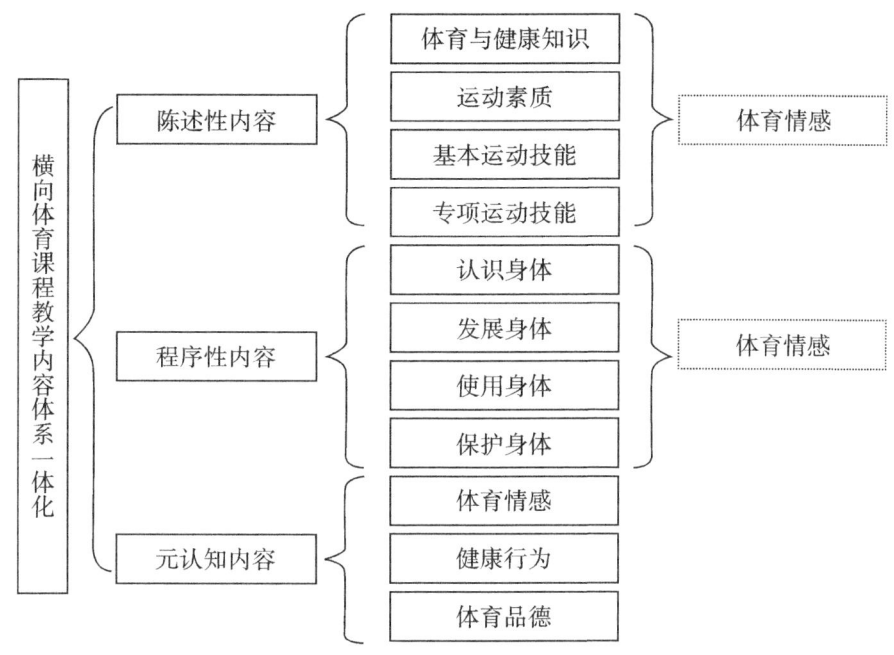

图6-1　横向体育课程教学内容体系一体化

一、陈述性内容

陈述性内容主要说明事物是什么、为什么、怎么样，用于区别、辨别事物，是一种静态知识，通常指某一学科涉及的概念、特征、作用和意义等基础知识[1]。本阶段主要是基础知识的学习与理解，建立认识角度和知识经验结构化，实现知识意义化的教育，激发学生的求知欲望和学习动机，并对学科基础知识的学习与理解能够达到辨识记忆、概括关联和说明论证的程度。就体育教学内容而言，陈述性内容包括体育与健康知识、运动素质和运动技能，其中，运动技能包括基本运动技能和专项运动技能。

1. 体育与健康知识

体育与健康知识是指在体育教学过程中融入相关的保健、卫生、安全、救护的知识与技能[2]，以及运动生理学、运动解剖学、运动心理学、运动医学、

---

[1]余文森.核心素养导向的课程教学［M］.上海：上海教育出版社，2017：59.
[2]中华人民共和国教育部.义务教育体育与健康课程标准［S］.2011版.北京：北京师范大学出版社，2017：3-10.

运动化学、运动生物力学和运动训练学等方面的知识。

2. 运动素质

运动素质是运动能力发展的基础和保障，贯穿基本运动技能和专项运动技能形成的过程，具体包括速度、力量、耐力、灵敏、柔韧、协调、平衡、反应等[1]。不同学段学生的敏感期运动素质内容不同，体育教学实践过程中应以此为据针对性地选择教学内容。

3. 基本运动技能

基本运动技能是个体在体育活动中完成具有特定模式且常用的基本运动动作的能力，具体包括位移技能、操作技能和稳定技能，是高级的和专项运动技能发展的基础。

4. 专项运动技能

专项运动技能，一般是指竞技类运动项目，但作为教学内容，应该注重关联学生的生活实际和社会实践，因此，还应包括民族民间体育项目、休闲体育项目和时尚新兴体育项目等。

陈述性内容是学科教学的载体，也是学生生成性学习的基础，科学合理地选择加工学习内容，是提高教学质量的关键。

二、程序性内容

程序性内容主要是基础知识的理解与应用，是一种动态生成性知识，通常是在熟悉学科基础理论知识之后，学生能够结合先前经验提出问题、分析问题和解决问题，并在过程中形成分析问题和解决问题的视角、思维方式和具体方法等生成性内容[2]。在这个学习阶段，主要是通过知识的实践应用，建立知识经验程序化和认识思路及具体方法，实现知识功能化的教育，培养学生学会学习、学会获取知识的方法以及利用所学知识分析问题、发现问题和解决问题的能力。就体育教学内容而言，程序性内容主要包括认识身体、发展身体、使用身体和保护身体。

---

[1] 田麦久，刘大庆. 运动训练学[M]. 北京：人民体育出版社，2012.
[2] 王皋华. 大中小学体育课程内容一体化构建[M]. 北京：人民教育出版社，2016.

1. 认识身体

认识身体主要是激发学生探索身体奥秘的兴趣，掌握身体变化的机理及特征，了解科学运动知识，引导学生关心身体、学会爱护身体和懂得珍惜身体。包括了解身体的结构、形态、生理机能及其作用，知道生长发育规律与特征，知道身体运动与身体各器官、各系统之间的相互关系，理解身体健康的要素，能够理解和运用运动解剖学、运动生理学、运动医学、运动力学和运动生物化学知识。

2. 发展身体

发展身体主要是使学生体验运动对身体发展的作用，掌握发展体能、提高运动技能、改善生理机能和身体形态的练习手段与评估方法，引导学生学会科学锻炼身体。包括理解体育运动对身体形态、生理机能、心理调节和社会适应能力发展的特殊价值与意义，了解运动技能形成规律与特征，掌握发展体能、提高运动技能的有效方法，能够科学有效地评估身体发展状况。

3. 使用身体

使用身体主要是为学生提供使用身体的活动情境，掌握控制身体运动的方法，获取生存技能及生活技巧与经验，为未来生活做好充分准备。包括能够控制身体运动动作，能够合理分配体能，能够迁移创新运动技能，具有规避风险的应变能力，具有抵御恶劣环境的适应能力，具有控制身体和利用身体支配物体的能力。

4. 保护身体

保护身体主要是向学生传授保护身体的相关理论知识与技能，使学生能够安全、科学、有效地进行日常体育锻炼，有能力处理常见的运动损伤，为终身体育锻炼奠定基础。包括知道安全运动知识，理解不良生活方式对身体健康的影响，知道科学健身的方式方法，掌握运动损伤的预防与处置方法。

体育的独特性是肢体运动的实践性，与其他学科以发展学生智力为主的学习过程不一样，其主要是以认识身体、发展身体、使用身体和保护身体为目的的肢体运动。所以，体育知识与技能的学习理解是必要的，但不充分。学生需要在此基础上，通过实践应用，才能整理归纳、质疑批判、创造生成新的学习内容，如获取知识的方法，提出问题、分析问题、解决问题的能力等，进而形成知识与技能功能化、程序化认知方式。

以立定跳远单元教学为例，第一课时，主要是通过动作要领认识及规范技术动作，提升运动能力。教师可以和学生一起对动作要领进行编码，或是通过观察、描述技术动作的特征，或是布置作业，探究规范技术动作的生理学、解剖学、运动力学的原理等，促进学生生成性学习。第二课时，是在第一课时的基础上，教师为学生创设知识与技能实践应用的情境，如找出同学的错误并说明缘由，常见的错误有哪些，如何改进等，激发学生自主探究的积极性、主动性。第三课时，在学生掌握动作要领及规范技术动作的基础上，发展学生的体能，进而提升运动能力。教师可以和学生一起探究科学训练下肢力量的方法，帮助学生设计训练方案，检验训练效果，分析训练过程中存在的问题。第四课时，主要是单元知识运用与运动能力表现，教师可以创设知识竞赛活动、定向越野活动、调研与实验活动，提升学习内容的深度，帮助学生实现生成性、创造性和迁移性学习。

三、元认知内容

元认知内容是指有关认知的知识，是关于人作为学习者或思维者的认知加工者的一切特征的知识，强调学生个体知识的升华和内化为情感、品德和方式方法的隐蔽性内容[1]。本阶段主要是引导学生对知识的迁移创新，构建知识经验系统化和认识方式自主化，实现知识素养化的教育，培养学生学科情感、学科价值观、学科思维方式以及复杂推理、系统探究和创新能力。

就体育教学内容而言，元认知内容包括体育情感、健康行为和体育品德。

1. 体育情感

体育情感是指学生在体育学习实践过程中自觉内化生成的热情、态度、责任、专注、意志、科学精神等非智力因素的内容。

2. 健康行为

健康行为是指学生在体育学习实践过程中自觉内化生成的体育锻炼意识与习惯、健康知识掌握与灵活运用、情绪调控与环境适应，具体包括养成良好的锻炼、饮食、作息和卫生习惯，控制体量，远离不良嗜好，预防运动损伤和疾

---

[1] 王皋华. 大中小学体育课程内容一体化构建[M]. 北京：人民教育出版社，2016.

病，消除运动疲劳，保持良好心态，提升适应自然和社会环境的能力。

3. 体育品德

体育品德是指学生在体育学习实践过程中自觉内化生成的体育精神（包括自尊自信、勇敢顽强、积极进取、超越自我等）、体育道德（包括遵守规则、诚信自律、公平正义等）和体育品格（包括文明礼貌、相互尊重、团队合作、社会责任感等）[1]。

元认知内容作为隐蔽性内容贯穿体育教学始终，是学生从体育知识与技能定向到运动能力表现再到自觉内化过程中生成的内容。其中，关键能力活动至关重要。以"立定跳远"项目教学为例，教师通过引导学生制订下肢力量训练计划，辅助学生监控实施过程，及时反馈训练存在的问题及原因分析，并定期提供清晰可见的训练效果，可以有效地帮助学生建立运动自信，激发运动热情，养成运动习惯。

第三节 体育课堂教学内容设计的方法

为了实现体育课堂教学目标、满足学生学习与发展需要，应该选择哪些教学内容？如何选择？要回答这两个问题，体育教师需要综合考虑以下几个方面的要素：

一、《体育与健康课程标准》规定的内容

体育教师要对相应学段《体育与健康课程标准》规定的课程内容分布、特点和功能及重点、难点进行分析。在此基础上，教师还要根据学校的实际情况以及学生的经验，对学习内容进行重新构建。

二、学生身心发展需要的内容

遵循不同年龄段学生身体形态、运动素质发展的敏感期规律，将改善学生

---

[1] 中华人民共和国教育部. 普通高中体育与健康课程标准[S]. 2017版. 北京：北京师范大学出版社，2017：5-7.

身体形态、提高学生运动素质的相应练习，与运动技能学习和体育健康知识有机融合。

三、促进学生体育学科核心素养养成的内容

分析体育教学给予学生适应未来社会发展和个体终身发展所需要的价值观、必备品格和关键能力，选择学生必需的、基础的、后天生存和发展必备的、学科中最有价值的知识技能。

四、依据学生运动认知规律选择加工的内容

一方面，遵循"运动技能形成规律"，按照从易到难、从简单到复杂的学习过程，将选择加工的内容安排在课堂教学中；另一方面，依据学生发展核心素养形成规律，选择加工学生学习理解、实践应用和迁移创新的内容。

此外，教师在开展体育课堂教学内容设计时，要注意以下事项：

首先，体育教学内容的选择与加工，不仅是学生对体育知识技能的学习理解，还应包括体育知识技能的实践应用、迁移创新；不仅有显性知识，还应包括隐性知识；不仅有证实性知识，还应包括证伪性知识；不仅有知识的传承，还应包括文化的渗透。

其次，体育教学内容的选择与加工，既要考虑教学内容的综合性，也要考虑体育与健康课程各个阶段学习目标、学生的身心发展特点、教学内容的纵横联系、教学时数、教学条件等各方面的因素。

最后，体育教学内容的选择与加工，要遵循先进性、科学性、生成性、实用性、连贯性和递进性的原则。

第七章 体育课堂学习情境创设

传统以"教"为主的范式，强调"教材中心""教师中心""课堂中心"，即在固定的时间、场所、班级中，教师围绕教材规定的内容进行授课，多以讲解、示范、模仿练习、整体练习、分解练习、重复练习、变换练习等教法进行统一授课。教师是主角，接受能力强的学生是配角，多数学生是群众演员或者观众，学生学习被动，主体参与受到抑制，剥夺了学生独立思考、自主探究、合作学习、实践探索与反思等深度学习的机会，缺失了学生情感、态度、价值观、思维方式的表达，抑制了学生学习的潜能，消磨了学生学习的自觉性、主动性和创造性。相关研究表明，影响学生核心素养养成的主要因素包括：①教学内容或教学过程不深入，学生对学习的内容理解与应用不够；②教学活动的实效性不强；③学生在教学活动中的主体参与不够[1]。实质上，主要原因是整个教学过程缺乏融合以"学法"为主的"深度学习"。

第一节 深度性体育学习情境的基本理论

一、深度性体育学习情境的内涵

《现代汉语词典》中，情景是指"感情与景色""情形，景象"，而情境的定义是"情景、境地"。《辞海》对情境的解释是，"指一个人在进行某种行动时所处的社会环境，是人们社会行为产生的具体条件"。

教育学领域中最早提出"情境"一词的是美国教育家杜威，他提出"思维起源于直接经验的情境"。他认为，"能引发主体情感体验的环境即情境。"在《现代汉语规范词典》中，"情景指某一特定时间和特定空间中的具体情形；情境指某一段时间和空间许多具体情形的概括"。显然，"情境"一词比

---

[1] 朱开群.四举措助核心素养"落地"[N].中国教育报，2016-09-21（1）.

"情景"包含更多的情形,"境"中有"景"。情景更多强调的是可以激发学生积极学习的各类客观的场景、事物、事件等,是被动的和机械的,与学习主题并没有建立实质性的联系,缺乏一定的深度与广度。在李吉林看来,情境的本质是"人为优化的环境"。结合学科教学来说,情境是指教师创设的能关联学生学习和生活实际的真实情境。

赵蒙成(2005)认为,学习情境的本质是与学生所学习的内容相适切的、包含问题的生活事件。尚力沛、程传银(2019)将体育教学中体育教师创设出的一切利于学生学科核心素养培育的情境都称为"体育学习情境"。在体育学习情境中,学生进行一系列运动参与、体验、探究、解决问题的学习过程,这个过程也就是学生深度学习的过程。学生体育核心素养的发展靠的不是机械、重复性的学习方式,而应是深度学习。因此,深度学习是体育核心素养培育与发展的必备条件。

表7-1中是关于深度学习概念界定的一些代表性观点:

表7-1 深度学习的概念界定

学者	时间(年)	对深度学习的概念界定
Ference Marton Roger Saljo	1976	"深度学习是学生在浅层学习"的基础上更加深入的学习
Stephen W Draper	2018	"深度学习"(deep learning)是学习者通过对知识本质的理解和对学习内容的批判性运用,追求有效的学习迁移和真实问题的解决,并以高阶思维为主要认知活动的高投入性学习
何玲,黎加厚	2005	深度学习是指在理解学习的基础上,学习者能够批判性地学习新的思想和事实,并将它们融入原有的认知结构中,能够在众多思想间进行联系,并能够将已有的知识迁移到新的情境中,作出决策和解决问题的学习
安富海	2014	深度学习是一种基于理解的学习,是指学习者以高阶思维的发展和实际问题的解决为目标,以整合的知识为内容,积极主动地、批判性地学习新的知识和思想,并将它们融入原有的认知结构中,且能将已有的知识迁移到新的情境中的一种学习
郭华	2016	在教师引领下,学生围绕着具有挑战性的学习主题,全身心积极参与、体验成功、获得发展的有意义的学习过程

（续表）

学者	时间（年）	对深度学习的概念界定
尤小平	2017	深度学习是指以学生学习为中心，在教师的指导下，学生自主基于理解进行知识建构，基于真实情境主动学习和解决问题
郭元祥	2021	深度学习是学生在教师的引导下，对所学的知识进行"层进式学习"和"沉浸式学习"
孙银黎	2007	通过对比浅层学习的学习方式，提出深度学习不止重视简单的记忆，更注重知识的深入理解和灵活应用，是一种高级的认知技能的获得，是学生主动学习的结果
李松林	2018	深度学习是学习者假借具有整合作用的实际问题激活自身的动机，展开自身体验和高阶思维
潘新民，张燕	2021	学生深度学习是指在课堂情境中教师通过创设问题情境，引导学生通过生生或师生的社会性交往，促进学生核心素养养成的过程

以上学者对深度学习概念的界定存在着一些具有共性意蕴的关键表达，如高投入、体验、理解、批判运用、迁移创新、问题解决、高阶思维等，且与情境有着密切的关系，教师需要创设真实的、生活化和问题情境等，来实现学生的深度学习。那么体育学科深度学习又是什么呢？与深度学习的概念是否有相通之处？

表7-2是有关体育学科深度学习的概念解读：

表7-2 体育学科深度学习的概念解读

学者	时间（年）	体育深度学习的概念
奚敏其	2019	体育学科的深度学习是指在教师的引领下，学生通过身体、情感与思维的积极参与，深入学习体育与健康知识技能，严格遵守运动规则与规律，主动参与合作与竞争，深刻体验运动过程，把握健康生活的本质，形成可持续发展的运动行为的过程

（续表）

学者	时间（年）	体育深度学习的概念
刘俊凯，赵超君	2020	体育深度学习是学生在教师的引导帮助下，在特定的练习情境中，通过复杂的动作思维等认知过程，高度投入富有挑战性的身体运动，在运动中产生强烈的身心体验，理解和运用所学运动项目的知识技能和运动文化价值，享受乐趣，增强体质，健全人格，锤炼意志，发展学科核心素养的学习过程[1]
张凯，张欣欣	2020	体育课堂的深度学习是在互动情境下实现教师的高效指导和学生的积极参与；深度学习内容是经过体育教师精心设计情境化、结构化的教学材料；体育深度学习过程注重学生深层动机的激发和运动的积极参与；深度学习结果促进学生核心素养的提升[2]

有关体育学科深度学习概念的研究不是太多，体育学科的深度学习强调是在特定的情境下发生的，其结果是为了发展学生体育核心素养。但目前有关深度性体育学习情境创设的概念还没有一个明确的界定。

新课标认为，普通高中体育与健康课程是一门以身体练习为主要手段，以体育与健康知识、技能和方法为主要学习内容，以培养高中学生的体育与健康学科核心素养和增进高中学生身心健康为主要目标的课程。而发展学生体育学科核心素养的一个重要途径就是为学生创设深度性体育学习情境。

深度性体育学习不只是关注学生运动技能的掌握程度，更重要的是养成运动技能背后所蕴藏的运动能力、健康行为和体育品德。学生发展核心素养不是单一的课程教学给予的，而是学生在学习的过程中通过自身的学习与实践，自觉内化生成的核心素养。我们不否定传统的教法和学法，它是必要的，但不充分。深度性学习情境的创设有助于培养学生发现问题、分析问题和解决问题的能力，有助于学生将所学的综合知识和技能运用到真实情境中，促进体育与健康学科核心素养的落实。

[1] 刘俊凯，赵超君. 体育深度学习的内涵、特征与实现策略 [J]. 课程.教材.教法，2020，40（12）：102-107.

[2] 张凯，张欣欣. 指向学生发展核心素养的体育深度学习 [J]. 中国学校体育，2021，40（2）：37-39.

因此，深度性体育学习情境是指关联学生学习与生活实际的真实情境，为学生创设应用所学知识与技能提出问题、分析问题、解决问题的关键能力的活动，以发展学生的分析、解释、推理、合作、交往、探究、操作、批判和创新等关键能力及过程中内化的态度、情感、意志、专注、责任、自律等必备品格。深度学习的关键是学习情境的创设，因体育自身肢体运动实践性特征，体育学习情境创设更有利于促进学生发展核心素养。它并非某一种教法或是学法，也不分传统教学方法和现代教学方法，而是为促进学生有效学习、深度学习，实现教学目标的不同方法的组合，重在能够为学生创设一段有意义的学习经历，促进学生养成适应未来社会发展和终身发展所需的关键能力和必备品格[1]。

二、深度性体育学习情境的特征

深度一词的概念有四种：向下或向里的距离（深浅的程度）；事物向更高阶段发展的程度；触及事物本质的程度，如这部论著缺少深度；属性词，程度很深。深度性，与之相对的是浅层性。深度教学或深度学习之"深度"指向的是实现教学价值与目标达成的深度、知识理解和转化的深度、学习过程和学习方式的深度[2]。

有学者认为深度学习的特征主要具有注重批判理解、强调信息整合、促进知识建构、着意迁移运用、面向问题解决等[3][4]。郭华（2016）认为深度学习的特征有联想与结构、活动与体验、本质与变式、迁移与应用、价值与评价[5]。崔友兴（2019）认为深度学习注重对知识的理解、生成和建构，突出学生的主体性、能动性和发展性，强调学习的挑战性、体验性和迁移性，深度学习着意于情境的创设与利用[6]。

情境具有主体性、建构性、系列性和开放性等特征[7]。有效的学习情境具有悬疑性（根本特征）、生活性、真实性、复杂性、情感性、典型性、主体性

---

[1] 徐伟，姚蕾.核心素养导向的体育教学新范式[J].北京体育大学学报，2020，43（7）：47-57.
[2] 郭元祥."深度教学"：指向学科育人的教学改革实验[J].中小学管理，2021（5）：18-21.
[3] 何玲，黎加厚.促进学生深度学习[J].现代教学，2005（5）：29-30.
[4] 安富海.促进深度学习的课堂教学策略研究[J].课程·教材·教法，2014，34（11）：57-62.
[5] 郭华.深度学习及其意义[J].课程.教材.教法，2016，36（11）：25-32.
[6] 崔友兴.基于核心素养培育的深度学习[J].课程·教材·教法，2019，39（2）：66-67.
[7] 王灿明.情境：意涵、特征与建构——李吉林的情境观探析[J].教育研究，2020，41（9）：81-89.

及可变性等特征[1]。房成飞（2007）认为化学学习情境具有悬疑性、生活性、真实性、复杂性、情感性、典型性、主体性等特点[2]。黄华文（2018）认为指向深度学习的真实情境必须具有学科价值、挑战价值、问题价值[3]。

表7-3中为有关体育学科深度学习特征的界定：

表7-3 体育学科深度学习特征的界定

学者	时间（年）	体育学科深度学习的特征
吴爱军	2019	深度解读体育学科知识与技能，真实参与其中；深入学科思维方法，培养学习体育品质；多维度深入学习，构建体育知识体系
奚敏其，唐国瑞	2019	体育运动时的深度参与、知识技能学习时的深入探究、运动过程中的深刻体验、学习情感上的深情投入和健康行为的深层理解等方面
陈飙	2019	学习认知阶梯化，学习投入自动化，教学情境自然化，学习反思及时化
秦银桂	2020	围绕学习主题，问题导引，任务驱动，能够激活学生的思维，提升学生分析问题、解决问题的能力
刘俊凯，赵超军	2020	学习内容的视角——价值和乐趣，学习状态的视角——投入和体验，学习效果的视角——理解和运用

从表7-3可以看出，体育深度学习需具有明确的学习情境主题和学习任务，以学生学习为主体，学生在学习过程中深度参与、探究和体验，以提升学生发现问题、分析问题、解决问题的能力，指向学生运动能力、健康行为和体育品德素养的发展。郭华指出，深度学习的性质是教师主导下学生的主动参与和积极建构；深度学习的内容是有挑战性的学习单元；深度学习的过程是学生感知觉、思维、情感、意志、价值观全面参与、全身心投入的活动，让学习真正发生；深度学习的目的是培养未来社会实践的主人[4]。这是深度学习共同的核心要点，是教学实践的具体化。

---

[1] 赵蒙成.学习情境的本质与创设策略[J].课程.教材.教法，2005（11）：23-27.
[2] 房成飞.化学学习情境的创设与实施研究[D].芜湖：安徽师范大学，2007.
[3] 黄华文.基于真实情境的高中化学深度学习[J].教学与管理，2018（16）：50-52.
[4] 郭华.如何理解"深度学习"[J].四川师范大学学报（社会科版），2020，47（1）：89-95.

体育学科具有运动实践性[1]。运动能力实践过程应用的是学生应用体育与健康学科核心知识、思维方式和认识方式，分析解释体育现象、解决实际问题的能力。

从以上内容来看，结合学习情境及体育学科深度学习的特征，深度性体育学习情境的特征可以从以下几个方面阐释：

1. 主体性

主体性是指以学生学习为主体，指向学生的全面发展，包括学生主体生长发育规律、学生主体需要、学生主体问题、学生主体终身发展等。如针对学生不良的身体姿态，可运用运动解剖学、生理学的知识进行深入研究，寻找科学有效的运动处方以解决实际问题。教师要深入研究学生，明确学生为什么要学、学什么、怎样去学的问题。创设由学生亲身经历、深刻体验的活动情境，将学生的主体地位落到实处。

2. 生活性

情境创设本身要求关联学生学习与生活实际或社会实践，应用所学知识与技能以解决生活中的实际问题。如生活中灾难逃生、消防救援、生活经验、生活常识与动作技能等，它是以认识身体、发展身体、使用身体和保护身体为内容，以联系学生学习和生活实际需要为指导思想创设的深度性体育学习情境。

3. 探究性

有学者提出"要发展学习者高阶思维能力，应当设法让学习者投入分析、比较、对比、归纳、实验等系列学习活动中"。高阶思维要经过解释说明、分析判断、推理预测、创造生成等复杂思维活动才能形成。深度学习的过程，就是一个高阶思维的过程。知识建构是学习者发展高阶思维的有效途径，互动是知识建构的前提。教师通过创设学习情境，学生依据原有的知识经验，同时要善于从日常生活中发现和提炼问题并且展开研究，通过合作学习与探究，促进知识的建构与发展。

4. 指向性

指向高阶目标达成，指向具体的学习任务，如运动能力、健康行为、体

---

[1] 王雷.论体育学的学科特征[D].福州：福建师范大学，2017.

育品德和体育情感，可能不会四个领域目标都实现，但可以实现相关度较高的2~3个。如教师创设一个学习情境，可能会发展学生几个方面的素养，也可以重点发展其某一素养。

5. 隐蔽性

深度性体育学习情境创设最终指向学生发展核心素养，达到育人的目的。其主要是以内隐的方式，通过无意识、非特定的心理反应机制对学生产生影响的。这种育人方式远比自上而下的灌输、说教有效，如一所大学的一座体育人物雕塑、一句体育口号、一个优秀的体育传统，往往能够起到"不言自明"的教育效果[1]。

6. 开放性

耗散结构理论提出，系统并非单一存在的，它包括孤立、封闭和开放系统三种类型，唯有开放系统和环境既有物质转移，又有能量转移[2]。李吉林认为人为优化的情境应该拓展教育空间，回归生活世界，引导儿童走出教室和校门，不断向家庭、社会和大自然延伸。这里的开放性是指在课堂教学中要有学生个人发现活动、师生互动、生生互动的学习探究活动。体育深度性情境创设的教育内容不是一成不变的，应遵循开放性的原则，借鉴吸收国内外优秀案例和先进经验。

三、深度性体育学习情境的外延

外延，逻辑学上指一个概念所确指的对象的范围。如"人"这个概念的外延是古今中外一切的人。分类是明确概念的外延，是把一个属分为几个种。如体操的外延，也就是它的分类，包括广播体操、基本体操、竞技体操和团体操等。俗话说"物以类聚，人以群分"，分类是我们认识、掌握和改造事物的常用方法之一。分类的根据则是对象的本质属性或显著特征，越是深层次的本质，分类价值越大。分类是根据对象知识系统化的需要而采用的，这种系统化在每门学科中都比较固定，能较长时间地起作用。如化学元素的分类、社会形

---

[1] 徐伟. 大学体育人文教育理论与实践研究 [D]. 北京：北京体育大学，2013.
[2] 卢艳芹，彭福扬. 基于耗散结构理论的自然与社会互动关系探析 [J]. 生态经济，2016，32（2）：211-214.

态的分类，都是比较固定和有重大科学价值的。

目前，对于教学情境创设类型的研究比较多，依据不同标准可以划分为不同的类型。李吉林以儿童为中心，将情境分为五类：实体情境、模拟情境、语表情境、想象情境、推理情境[1]。蒋星华（2007）按照不同的教学目标对教学情境进行了分类：丰富学生感知，可以创设生活情境、实验情境；启迪学生探究，可以创设问题情境、操作情境；引导学生联想和想象，可以创设模拟情境、冲突式情境；激发学生学习兴趣，可以创设故事情境、游戏情境、悬念情境；唤起学生的生活经验，可以创设生活情境、模拟情境；加强学生的情感体验，可以创设故事情境、实验情境[2]。乔翠兰（2003）将物理教学情境创设分为真实性情境的创设、问题性情境的创设、模拟性情境的创设、协作性情境的创设[3]。文学荣在《新课程下教师课堂教学情境创设能力培养与提升》一书中，将教师需要创设的课堂教学情境分为问题情境、生活情境、合作情境、探究情境四种主要类型[4]。赵英敏（2011）将化学教学中的情境分为生活情境、实验情境、模拟情境、故事情境和问题情境[5]。基于各个学科性质、特征的不同，所以情境划分的类型也有所不同。

其他学科也有对情境创设进行分类，但尚缺少有关深度性体育学习情境的分类。尚力沛、程传银（2021）在情境创设维度对生成体育学科核心素养的支撑方面，提出创设技战术实战对抗的学习情境、与学生健康生活相关的学习情境、以游戏和比赛为主的体能练习情境来发展学生体育学科核心素养[6]。柯勇（2020）提出基于学生核心素养发展的体育课程模式也必然表现为以典型的体育学习情境为主要方式。以积极开展体验式的、合作的、探究的或建构式的教学活动为主要过程，为体育学科核心素养的实践"落地"提供扎实的科学依据。杨卫华（2018）指出要合理创设教学情境的形式，以问题引出情景、以任务导向情境、以音乐渲染情境、以游戏呈现情境。王中华（2019）以经典历史事件、英雄事迹为切入点创设情境，以指导障碍跑教学。吴爱军、孟凡

---

[1] 李吉林.情境教学实验与研究[M].成都：四川教育出版社，1990.
[2] 蒋星华.创设教学情境的类型及原则[J].福建论坛：社科教育版，2007（9）：52-53.
[3] 乔翠兰.物理教学情境创设的研究[D].武汉：华中师范大学，2003.
[4] 文学荣.新课程下教师课堂教学情境创设能力培养与提升[M].北京：新华出版社，2005.
[5] 赵英敏.美国高中化学教材《Concepts and Applications》中的情境创设[D].西安：陕西师范大学，2011.
[6] 尚力沛，程传银.体育学科核心素养生成的三维支撑结构：情境创设、文化统领与意义建构[J].天津体育学院学报，2021，36（4）：420-426，462.

东（2020）以水平三学习《前滚翻》为例，在学习滚翻动作时，设置问题导向下的教学情境，指导学生运用所学技术动作解决现实生活中的问题。贾永桥（2019）以七年级正手发高远球技术教学单元为例，为学生创设成功体验导向的学习情境。从已有文献研究来看，我国注重开展以问题为导向的、主题式的、真实的以及生活化等情境教学。

结合深度性体育学习情境的内涵及特征、体育学科的本质特征，以全国体育优质课视频、体育教学名师观摩课视频、体育游戏类相关文献及书籍为研究素材，结合实践中的典型案例，最终可以把深度性体育学习情境创设分为"问题"导向、"目标"导向、"生活"导向、"体验"导向、"文化育人"导向五大类。这五大类导向的情境创设是相互贯通的，既可以单独存在也可以共存。一个学习情境的创设可能会涉及多种情境类型，如一个情境既可以包含问题导向，也可以包含生活导向。本研究以一个情境中最主要的一类导向为主，进行详细的介绍和说明。

四、深度性体育学习情境的作用

新课标在教学方式方面，力求避免过于注重单一的知识点以及把结构化的知识和技能割裂开来的灌输式教学模式，倡导多样化的教学方式，重视与信息技术的深度融合，注重学生的自主学习、合作学习和探究学习，将知识点的教学置于复杂情境之中，引导学生用结构化的知识和技能去解决体育与健康实践中的问题，促进学生学科核心素养的发展，培养学生的创新精神、综合能力和优良品格。

学生不仅要牢固掌握学科知识，还要学会学习，具有良好的问题解决、高阶思维、自主学习和实践能力。因此，机械的、被动的、简单记忆式的浅层学习已经无法满足社会发展的需要。深度学习强调高层次的认知目标，强调高级思维能力的培养，强调学习过程中的反思与元认知，注重学习行为方面的高情感投入和高行为投入，由此成为落实立德树人根本任务、促进学生核心素养发展的重要路径[1]。深度性体育学习情境创设是学生核心素养形成的重要路径。

学生核心素养形成的过程及机制，包括学习理解、应用实践和迁移创新三个学习阶段。传统的体育课堂注重体育基本知识与技能的传授，重在教法，聚焦于学生基本技能的掌握，而学生核心素养养成的关键是知识技能的实践应用

---

[1] 郑葳，刘月霞.深度学习：基于核心素养的教学改进[J].教育研究，2018（11）：56-60.

和迁移创新两个深层次学习阶段，关键在于学生的学，这就需要关联学生学习与生活实际创设深度学习情境。

爱因斯坦说："忘掉一切学过的东西，剩下的就是素养。"素养是可以后天习得的，是由训练和实践而获得的技巧和能力，应该是潜移默化并存在于内心深处的。即使什么都不记得，但是影响你内心的东西还是会存在，比如善良、诚实等。杜威说过"一切教育的最终目的是形成人格"。由此可见，现代学习理论对核心素养有着更高的要求。创设深度性体育学习情境，有助于发挥教师的主导作用，突出学生的主体地位。促进学生的自主探究以及合作学习，是学生从体育知识与技能定向到运动能力表现，再到自觉内化为健康行为与体育品德的关键。

第二节 深度性体育学习情境创设与实施

一、"问题"导向的体育学习情境创设与实施

"问题"导向的体育学习情境创设是以体育与健康知识、身体形态、基本运动技能、身体运动素质、专项运动技能为主要内容，以过程科学化为指导思想创设学习情境。

1. 适用范畴

"问题"导向的体育学习情境创设，适用对象包括水平一到水平五，水平越高适用性越强，主要适用于新授课为学生建立运动档案，便于了解学生，因材施教。

2. 创设思路

教育的本质是解决学生的问题，而体育作为教育的重要组成部分，重在解决学生的身体形态、生理机能、运动素质、运动技能等方面的问题。要解决这些问题，首先要让学生认识到自身的问题。体育教师为学生提供科学且简便易操作的身体形态、基本运动技能、身体运动素质等内容的诊断方法和评价标准，然后组织学生自测、互测，帮助学生认识自己的身体，同时也为教师设计

个性化教学方案提供依据。教师不再按照教学大纲的要求设计统一的教学方案，而是依据测试数据，分析学生可能存在的问题，搜集整理有效的干预措施，建立案例库，然后走进课堂，结合学生实际情况，实施分组、分层教学。

此外，教师也可以依据运动技能形成过程中易犯的错误，提出待探究的问题，组织学生通过自主发现、合作学习、实践调查、实验取证等科学方法，了解易犯错误动作的生理、心理和生物力学等学理原因，并尝试探索科学有效的纠正方法，提供效果证明，加深学生对体育知识与技能的理解应用和迁移创新。以运动项目教学为例，可辅助学生组建学习小组，讨论成员动作技能存在的问题，搜集整理有效干预措施的案例库，寻找适合每个成员的干预方法，并形成运动处方，相互监督实施，检验干预效果。

3. 实施步骤与方法

①诊断标准：依据诊断标准，帮助学生找到自身问题。

②问题分析：从学生动作轨迹、生理机能、运动素质、心理特征等方面分析学生问题发生的主要原因。

③差异化运动干预：学生存在的问题不同，干预的内容和方法也就不同；亦或同一问题，但因个体差异不同，干预的内容和方法也不相同。

④个性化运动处方研制与实施：帮助学生或学习小组设计运动处方。

⑤组织与实施运动处方：为学生创设自主锻炼、自我管理和自我监督的学习情境。

⑥效果评价：为学生创设阶段性自我评价、同伴评价和教师评价的学习情境。

4. 注意事项

①诊断标准科学，诊断方法切实可行。

②问题分析要抓住重点，力求以点带面、整体改善。

③干预方法首选成功案例，在实践中结合学生自身情况进行调整。

④干预过程注重学生自我监控与管理，实施阶段性干预效果反馈。

● **案例展示**

教学主题：认清自己。

教学对象：水平四。

教学目标：通过体质健康测试，帮助学生了解自己的运动素质情况，并通过改善运动素质提升运动能力、体验运动成就与乐趣。

诊断标准：参照全国中小学生体质健康标准；分为优秀、良好、及格三个等级。

测试内容：形态指标（身高和体重）、机能指标（肺活量和视力）、素质和运动能力指标（坐位体前屈、一分钟仰卧起坐、50米跑、一分钟跳绳、8×50米往返跑）。

测试结果：以王××同学为例，综合评分73.5分，达到良好水平，但反映身体柔韧性素质的坐位体前屈，测试成绩仅有67分（较差）；反应耐力素质的肺活量和50米折返跑，测试成绩分别为69分和65分。综上所述，该生"柔韧性和心肺功能需要提高"，运动处方应以背肌、腘绳肌、小腿三头肌的牵张练习为主，发展学生的柔韧性，同时通过耐力素质训练提升学生的心肺功能。

运动处方：每周锻炼3次，每次约45分钟，监控4周；训练内容包括静力牵张拉伸前20分钟慢跑；腘绳肌PNF伸展2~5组循环；静力牵张训练（背部和腿部），每个部位选择一个动作，2组循环。

干预效果：通过针对性训练，坐位体前屈的测试成绩提高了5厘米，其他各部位柔韧测试的成绩也均得到了提高。

二、"目标"导向的体育学习情境创设与实施

"目标"导向的体育学习情境创设是以个人成长目标、小组学习目标、小组竞赛目标、同伴竞争目标为主要内容，以因材施教为指导思想创设学习情境。

1. 适用范畴

"目标"导向的体育学习情境创设，适用于不同水平的学生，水平越高适用性越好。此外，还适用于超大单元的教学，尤其是集体运动项目，如足球、篮球、排球，可以采用分组教学。

2. 创设思路

目标具有引领、激励、证明的作用，且制约着教学内容、教学组织形式、教学方法和教学评价的选择与应用。教师在教学过程中，帮助学生明确个人成长目标、小组学习目标、小组竞赛目标或同伴竞争目标，既能激发学生体育学

习动机，又能有效地因材施教。首先，教师需要充分地了解学生的运动认知与运动能力水平，以及学生的身体形态、生理机能、运动素质和运动技能等方面存在的问题。在此基础上，结合学期或单元教学计划，帮助学生指定学习目标，明确学习任务，研制学习过程行为表现评价标准及目标达成考核方式，引导学生积极开展自主学习、合作探究。

3. 实施步骤与方法

①制订学习目标：了解学生的运动水平，介绍运动项目，帮助学生制订目标，如学生个体目标、学习小组目标、同伴竞争目标或学习小组竞赛目标等。

②明确学习任务：立足目标达成，逆向设计教学任务，以"地图式"呈现学习任务和实施路径。

③过程指导方式：定期检查，及时发现问题，及时指导。

④过程监督管理：采用积分制管理办法，记录学生或学习小组完成学习任务过程中的行为表现，并及时反馈。

⑤目标达成考核：通过展示活动、竞赛活动、测试活动等方式，考核学生目标达成情况，并采用相对评价与绝对评价相结合的方式，引导学生树立正确的胜负观。

4. 注意事项

①目标要明确具体、清晰可见，且符合学生实际，确保能够通过一定的努力达成。

②学习任务层次清晰，由简到难，逐层递进。

③学生学习过程行为表现评价标准要客观实际、可测能评，能够帮助学生或学习小组及时发现问题、及时调整，并为学生学习过程成长变化提供依据。

④采用相对评价与绝对评价相结合的方式，注重学生自身的变化，而不是单纯指向结果的胜负。

● **案例展示**

以"集体运动项目"为例，第一是介绍运动项目的特点、价值与意义，建立课堂常规；第二是组建学习小组，组员签约责任书，设计口号、队徽、队歌等，制订学习计划；第三是教师启发、指导学生学习技战术和比赛规则，并引导学生开展合作探究；第四是组织比赛，结合实际，设置赛事规则；第五是举行奖励与庆祝活动。

表7-4 红星中学八年级（6）班足球运动赛季教学计划表（2课时/次）

	红星中学八（6）班2020年足球联赛
	内容
1	足球运动教育模式介绍，以及赛季具体安排；教师任命球队教练员，帮助安排学生加入球队并选择角色，教练员与教师共同为学生加入球队创造公平竞争条件
2	宣布球队人员组成结构，以及各角色所承担的主要职责；各球队自主选择名字、颜色、吉祥物和球队加油口号；球队教练员指导球队技术练习，体能训练师组织队员进行体能训练，记录员记录队员训练表现
3	各队自主练习足球基础技术，搭配队内特色体能训练
4	球队以战术为训练重点；各队表演加油口号和展示吉祥物
5	球队内组织5人制足球比赛，比赛后教练员与球队管理员进行简短交流与反馈；教练员要确保每个人都有充分的时间上场；各球队管理员开会讨论季前赛期比赛对阵、日期及场地安排
6	季前赛第一天为比赛日。球队开始两队之间的循环比赛，积累比赛经验；教练员与管理员要注重球员在场上的技战术训练，结合数据确定选手在正式比赛中的最终位置；赛后记录员及时公布比赛数据；分析裁判员以及记录员存在的问题
7	季前赛第二天为比赛日。比赛内容与前一天相同，赛后教师、教练员、球队管理员沟通交流前两天比赛的心得和存在的问题
8	季前赛第三天为训练日。依据前两天球队在比赛中的表现，各球队教练员安排训练内容
9	季前赛第四天为比赛日。经过前一天的修养与调整，球队重新开展友谊赛，具体内容与第六天相同
10	季前赛第五天。各队继续进行比赛
11	季前赛第六天为比赛日。赛后教师、教练员及管理员分析比赛中技战术、裁判员、记录员等问题
12	季前赛第七天为训练日。教练员安排球队队员训练，体能训练师安排球队队员进行针对性的体能训练；球队管理员依据友谊赛数据，开会商讨正式比赛日程安排；记录员与裁判员进行赛前的集中培训
13	正式比赛第一天。球队进行正式小组循环赛，取积分制；教练员每日赛后开展例会总结球队表现，确保球队队员上场的时间平均；记录员做好赛事记录，并每日更新小组得分；球队管理者每天提醒第二天的比赛场地、时间等信息；体能训练师安排赛后队员的放松活动
14	正式比赛第二天。小组循环赛第二天，内容与前一天相同

(续表)

红星中学八（6）班2020年足球联赛	
	内容
15	正式比赛第三天。小组循环赛第三天，内容与前两天相同
16	正式比赛第四天为休赛日。各球队组织观看比赛视频，教练员安排后续比赛技战术；体能训练师安排体能训练活动，让队员保持比赛体能；球队管理员通知下一天的比赛事宜
17	正式比赛第五天，循环赛最后一天，比赛结束后依据积分宣布半决赛名单
18	正式比赛第六天，举行半决赛，决出三、四名
19	总决赛比赛日，举行总决赛，决出冠、亚军
20	回顾精彩比赛视频；各球队共同举行庆祝活动；举行颁奖典礼

三、"生活"导向的体育学习情境创设与实施

"生活"导向的体育学习情境创设是以认识身体、发展身体、使用身体和保护身体为内容，以关联学生学习和生活实际需要为指导思想创设学习情境。

1. 适用范畴

"生活"导向的体育学习情境创设，适用对象包括水平一到水平五，水平越高适用性越强，尤其适用于有一定运动认知和基础的学生。

2. 创设思路

体育的本质是一种培育身体、锻炼身体和发展身体的肢体运动。体育与健康知识、运动技能、运动素质是身体教育的载体而非目的。体育的真正目的是帮助学生认识身体、发展身体、使用身体和保护身体，以便更好地学习、生活、劳动和参与社会实践活动。教育源于生活，生活成就教育，利用学生好奇、好问、好探索的心理特点，将学生的学习和生活实际需要与所学体育与健康知识、运动技能、运动素质相融合，提出包括认识身体、发展身体、使用身体和保护身体等方面的问题，并引导学生通过阅读、观察、实验、调查、讨论等方式提出假设、验证假设。例如，教师可以依据不同年龄段学生的认知水平与能力提出问题：一天中什么时间最适合体育锻炼？饭后百步走正确吗？参与体育比赛前后应注意哪些事项？促进青少年身高增长的运动项目有哪些？为什

么运动能够提高学习效率?

3. 实施步骤与方法

①提出生活化问题：将学生的学习和生活实际需要与所学体育与健康知识、运动技能、运动素质相融合，提出问题。

②鼓励尝试性回答：设置问题情境，调动学生回答问题的积极性，进而提出假设。

③给出验证的方法：引导学生通过搜集资料、实践调查、实验研究、观察记录等自主发现、合作探究的方式验证假设。

④过程指导与启示：教师全程参与学生探究活动，帮助学生制定学习任务，解答学生探究过程中的疑惑。

⑤答案分享与交流：为学生创设学习分享与交流情境，给学生提供展示成果与经验交流的机会，引导学生学会从不同角度分析问题、解决问题，掌握多样化的获取知识的方法，以优化自己的答案及验证路径。

4. 注意事项

①问题提出要贴近学生学习与生活实际，便于吸引学生的注意力，调动学生探究的积极性、主动性和创造性。

②在寻找答案的过程中，要营造开放、民主、自由的学习氛围，鼓励学生做尝试性回答或提出自己的见解，充分发挥学习小组的集体智慧。

③教师参与学生探究的全过程，重在启发、引导学生学会获取知识及掌握获取知识的方法，而不是直接告诉学生知识。

④教师要准备好评价预案，提前预设学生可能得出哪些答案，为什么，优化的路径有哪些。

● **案例展示**

教学主题：保护好自己。

教学对象：水平五学生。

教学目标：培养学生积极思考、勇于探究的能力，在轻松的学习氛围中掌握该技术动作；通过该技术动作的学习让学生学会解决实际生活中遇到的一些危险，提高自救能力。

情境创设：

情境1：在进行前滚翻教学时，教师提出问题：前滚翻动作可以躲避生活中的哪些危险？如何运用前滚翻技术动作来躲避危险？学生分组讨论，进行尝试性回答。

情境2：教师创设前滚翻动作的练习情境，让学生带着问题去寻找答案。在地上摆放体操垫子，学生分组进行练习，在对技术动作有了一定的熟练程度后，将其中一个垫子竖着摆放，当作障碍物。学生需要跨过这个障碍物，完成前滚翻的技术动作。

情境3：可以适当降低或增加难度，让学生亲身体验动作，享受成功的乐趣，联想在实际生活中可以运用该技术动作躲避哪些危险。

情境4：练习结束后，组织学生再次回答教师提出的问题，以及学生在练习过程中所遇到的问题。最后，教师进行总结和点评。

四、"体验"导向的体育学习情境创设与实施

"体验"导向的体育学习情境创设是以成功体验、展示体验、竞争体验、合作体验、规则体验、挫折体验、角色体验、礼仪体验等为主要内容，以学生亲身经历和感悟体会为指导思想创设深度学习情境。

1. 适用范畴

"体验"导向的体育学习情境创设，适用对象包括水平一到水平五，水平越高适用性越强。主要是通过挖掘运动项目本身所蕴含的意蕴和精神作为学生体验内容，将其与运动技能的学、练、赛、评融为一体，为学生创设深刻的体育实践经历，以发展学生体育品德和健康行为，培养学生的体育情感。

2. 创设思路

"体验"导向的体育学习情境创设并非为了体验而体验的情境创设，它不能脱离学生运动技能学习和身体运动素质练习，其真正的意义是更好地学习理解、实践应用运动技能和运动素质，以内化为学生的必备品格。"体验导向"情境创设的前提和依据是运动项目的育人价值，即运动项目能够给予学生适应未来社会发展和终身发展所需要的价值观、必备品格和关键能力。运动项目技能仅仅是教学的载体或表现形式，其育人价值才是发展学生核心素养的关键内容。不同运动项目的育人价值不同：钟秉枢认为"排球的育人价值是协作"；栗胜夫认为"中国武术的育人价值是仁、义、礼、智、信"；彭庆文认为"体操的育人价值是正身、塑形和追美"。运动项目育人价值是一种隐蔽性的课程

内容，是核心素养导向的体育教学不可缺失的一部分，引领教学方法的改革与创新。例如，篮球项目的育人价值是"团队合作"或"勇于拼搏"，是隐藏在篮球技战术教学过程中的重要内容，如果被遗忘或是被忽视，那么篮球教学就只是围绕运动技战术的教学和体能的训练，当教师挖掘出篮球的育人价值时，体育教学方法就会更加多元有效，如教师在技战术教学或体能训练过程中可以利用合作探究法、障碍法创设基于"体育品德"培养的教学情境，发展学生的团队协作、勇于面对困难、敢于突破创新的体育精神。此外，体育教师可依据体操项目"正身、塑形和追美"的育人价值，在体操教学中利用"爱美之心人皆有之"的心理需求，创设限制性练习和诱导性练习情境，引导学生养成规则意识与行为习惯。

3. 实施步骤与方法

①确定体验主题：依据运动项目的育人价值，结合实际教学情况，确定给予学生何种体验。

②明确体验目标：学生在进行主题体验过程中的具体行为表现。

③创设体验情境：将主题体验与运动项目知识、运动项目技能和运动素质相融合，通过练习、游戏、比赛、测试等方式创设体验情境。

④体验过程控制：依据主题体验目标及具体行为表现，即时评价、即时反馈学生的学习情况，便于学生深度体验和感悟。

⑤体验效果评价：依据学生的行为表现，指定评分标准，采用积分制管理办法，记入学生成绩档案。

4. 注意事项

①同一个运动项目有不同的育人价值，即每个运动项目的育人价值不仅仅是某一个方面的运动能力或体育品德，因运动项目技战术特征、比赛规则、练习方法、竞赛形式不同，每节课或每个单元的教学、为学生创设的主题体验也有区别。

②不同运动项目有相同的育人价值，即教学实践中，为达成某一育人价值，可以选择多样化的运动项目或习练方式。

③挖掘运动项目本身所蕴含的意蕴和精神，将主题体验与运动技能的学、练、赛、评相融合。

④教师要通过学生行为表现或交流分享，及时引导学生感受和体悟学习内容。

⑤"体验"导向的体育学习情境创设，适用对象包括水平一到水平五，水平越高适用性越强。在教学实践中，主要帮助教师解决学生的体育品德、健康行为、体育情感目标如何达成的问题。

● **案例展示**

教学主题：合作的力量（1+1>2）。

教学对象：水平一。

教学目标：体验1+1>2，有些事情需要合作；体验合作中的信任、责任和配合；体验合作中的成就、快乐。

情境创设：

情境1：每个人尝试挪动一张桌子。挪不动怎么办？

情境2：两个人尝试挪动一张桌子。很吃力又走不远怎么办？

情境3：四个人挪动一张桌子。你体验到了什么？

情境4：比一比，看看哪一组移动得更快。距离5～10米，4人一组，随机抽取男、女各2人组成一个小组。计时比赛。

情境5：前三名小组奖励同学自由活动5分钟，后三名小组同学，在老师指导下进行练习，改善配合，提高移动速度。

情境6：前三名与后三名再比一比，看看名次或成绩是否有变化。

过程控制与评价：教师要预测每一个情境可能出现的问题，并提出相应的应对措施。此外，教师还需要记录每一个情境中学生的行为表现，以及学生对合作体验认识相关问题的回答，以给学生点评总结提供客观的依据。

五、"文化育人"导向的体育学习情境创设与实施

"文化育人"导向的体育学习情境创设是以学校体育的精神文化、物质文化、制度文化和行为文化为载体，以"文化育人"为指导思想，创设学习情境。

1. 适用范畴

"文化育人"导向的体育学习情境创设是基于"大课程观"理念下的教学方法改革，适用于不同水平的学生。主要以学校体育文化为载体，创设文化育人情境，通过潜移默化、润物无声的方式影响学生，帮助学生树立正确的体育价值观、良好的体育品德和积极健康的体育行为。

2. 创设思路

新时代学校体育课程教学改革与发展要实现"四位一体"的育人目标，不但要通过有形的、多样化的体育组织形式向学生传授体育知识，训练技艺和增强体质，还要通过广博的文化知识滋养、高雅的文化氛围熏陶、优秀的文化传统熏染和深刻的人生实践体验等隐性的学校体育文化建设陶冶学生的情操，塑造学生的人格，培养学生的审美，促进学生的社会性发展。

袁贵仁曾说："所谓教书育人、管理育人、服务育人、环境育人，说到底都是文化育人。"学校体育文化是学校文化的重要组成部分，作为一种文化育人的载体，它无时不在，无处不在，涉及学校体育文化建设的方方面面，哪怕一块场地、一件体育器械，通过教师精心设计，植入一定的教育元素之后，也会从一个没有生命的物体，变成一个能够"诉说"体育理念、体育精神、体育价值的"教育者"，并以潜移默化、润物无声的方式影响每一个学生。

3. 实施步骤与方法

①提炼学校体育精神文化，发挥精神文化引领作用：定位学校体育理念（使命观、发展观和育人观）、培育学校体育精神、塑造学校体育道德风尚，引领学校体育发展方向。

②推行人本体育管理思想，建设学校体育制度文化：推行人本体育管理思想，使行政型、指令型的体育组织机构向服务型、督促型转化，使冰冷的、僵化的文本制度管理方式向人性化、民主化、开放化的体育管理方式转化，进而建构良好的体育传统与风气，促进学生体育行为的自主、自觉和自治。

③营造校园体育文化氛围，为学生提供深刻实践体验：积极开展内容丰富、形式多样的校园体育活动，吸引广大师生积极参与体育运动、体验运动精神、享受运动乐趣，将体育价值观、体育精神、体育道德、体育规范内化为师生的生活态度、行为准则和道德规范。

④植入传统文化育人元素，建设学校体育物质文化：倾注人文关怀，提升学校办学品位，力求实现以"物"化人，让那些原本没有生命和情感的客观物质变成学校发展的光辉历程，成为"诉说"学校教育理念、精神风貌、审美情趣和价值追求的"教育者"。

4. 注意事项

①要坚持以人为本。一方面强调在完整地认识人的基础上尊重人的主体价

值和独立人格，维护人的健康权利，关怀人的生命、生存和生活的意义，满足人的发展需要，实现人的价值；另一方面，在实践中全面塑造人，强调对人的身体自然的改造、对社会化过程的促进、对人格的健全和人内心精神世界的引导。一所学校的体育场地设施建设、校园体育活动的开展，以及体育组织管理行为等只有蕴含人文性才能成为学校文化育人的载体，而非简单的物质资料、有形无神的体育活动、僵硬冰冷的管理制度等。

②要确保长期持续。学校体育文化建设的持续性主要体现在两个方面：一方面是体育文化教育环境的建设，不是一朝一夕就能达到的，而要长期坚持，以文化育人为根本，不断地去发现和解决问题，只有不断完善育人环境，才能更好地为学生服务；另一方面是学校体育文化对学生的影响是持续的，在体育文化教育环境的熏陶下，学生的学习是无意识的、自觉自愿的，这样往往会形成某些稳定的个性心理特征，一所学校的体育传统与风气对学生的心理和行为会产生重大影响，形成与该学校体育理念相一致的体育价值观、体育精神和体育道德，并有可能长期保持下去，持久地伴随人的一生。

③要贯彻全方位育人思想。学校体育文化建设要实现"文化育人"的核心价值，就要从全方位育人的视角出发，全面地考虑学校体育文化建设中的每一个可能体现人文和教育的元素。无论是学校体育的历史与现实，还是与学校体育相关的每一座建筑、每一尊雕塑、每一种布局、每一条资讯，或是学校体育的每一个运行机制、每一项管理制度，学校中的每一项体育活动、师生的体育行为、体育课的课上课下等，都应该渗透着独特的体育文化内涵和浓厚的体育人文精神，这样才能形成学校体育"文化育人"之网，使学生不知不觉地在熏陶和感染中提升体育文化素养。

④要切合实际，因地制宜。一所学校所处的地域环境和当地民族传统体育资源是学校体育特色文化建设的主要源泉之一。例如，甘肃南裕固族自治县第一中学，由于学校地处高寒地区，气候（多变、寒冷、干旱、多风）和体育基础设施及器材（差、少）等因素在很大程度上限制了学生活动内容的选择。对此，学校将裕固族传统体育项目列入学校体育活动内容，如摔跤、拔腰、拉爬牛、顶杠子、打嘎嘎、拉棍等，并且通过课堂教学、兴趣小组、民族传统体育竞赛、课间操展演等形式，丰富了校园体育文化活动，并逐渐形成了特色[1]。

---

[1] 高学平.丰富体育文化 营造快乐校园［J］.中国学校体育，2017（3）：82-83.

● **案例展示**

（1）课程教学实践案例

武术教师将传统武术的核心价值"仁、义、礼、智、信"融入师生的言行举止之中，培养学生诚实守信、社交礼仪、尊敬师长等传统美德；体育教师通过组织授课班级学生设计体育口号、吉祥物、标识等，激发学生的体育学习兴趣，提升班级凝聚力；通过民主开放的方式与学生达成课堂教学行为规范的契约，将冰冷、僵化的制度约束转化成学生自觉遵守的行为准则；体育教师上课时着装整齐，言行举止得当，给学生树立良好的学习榜样，学生也会受到潜移默化的影响，养成良好的行为习惯；学生积极参加课堂上或学校举办的体育竞赛活动，表现出团结协作、顽强拼搏的优秀品质。

（2）金桥学校体育文化建设案例

金桥学校是金水区校园足球特色学校建设的典范，该校成立于1955年，一直有着良好的足球文化传统。该校将足球的育人理念和育人价值完美地融入了校园体育物质设施建设的方方面面，营造了浓郁的校园足球文化氛围，不但丰富了学校体育文化建设的内涵，提升了学校体育文化建设的品位，也逐渐形成了全方位的以物化人、人物融合的育人环境。

①凝练育人理念。金桥学校结合"教人求真、学做真人"的办学理念和"做最好的自己"的学校精神，"体""育"融合，充分发掘校园足球的精神和文化，提高师生对校园足球运动的认识，倡导让阅读和运动成为师生的生活习惯，读好书、踢好球、做真人。学校将"乐享足球"作为落实"健康第一，快乐成长"育人目标的体育理念，进一步明确了校园足球的育人价值。学校认为，运动应该成为金桥师生生活的一部分，属于金桥孩子的足球运动应该是快乐、幸福、无压力的。在金桥有一种共识：足球运动在校园中的发展，不仅仅是培养、建设一支优秀的足球队，更需要全体学生参与足球运动，学习足球技能，进而培养学生对足球运动的兴趣，对体育运动的热爱，对足球精神的向往，通过足球运动培养一批批阳光自信的金桥少年。

②建设育人制度。金桥学校遵循学生为本、民主开放的原则，实施了人本化的校园足球管理制度，具体包括自上而下实施多层级主体责任制度、多元化观摩评估制度、多样化展示交流制度、多维度评价奖励制度和多元化校园足球评价机制，不断完善体育管理制度，有效地调动了学生参与足球运动的积极性、主动性和创造性。

③营造育人氛围。金桥学校在校园足球文化建设中，坚持以社团发展为辐

射,以课堂教学为途径,以校本教材为依托,以大课间练习为保障,以校园足球联赛为平台,构建了一体化课内外体育活动模式,具体包括"442"课时分配教学方式;大课间活动制度化、课程化和品牌化建设方式;社团建设梯队化、层次化建设方式;校园足球竞赛组织形式多样化方式。

④植入育人元素。金桥学校非常重视校园体育物质文化建设,并以校园足球特色项目为切入点,将"乐享足球"的育人理念融入学校物质设施建设的方方面面,逐渐形成了全方位的以物化人、人物融合的育人环境。例如,在教学楼外观、班级引导牌、消防设施等基础设施设计上都植入了"足球"的标志,如教学楼走廊地板上印有足球场图案,吊灯设计为足球的形状;随处可见的体育口号和标语,如教学楼外墙上刻有"健康第一、快乐成长,自觉自信、努力向上"的校训,以及足球场上悬挂的"乐享足球""以球健体、以球促智、以球育德、以球树人"的口号,营造了浓郁的校园足球文化氛围。

综上所述,深度性体育学习情境创设的一般原则归纳如下:①学习任务可视化,帮助学生明确学习目标,提供丰富的学习资源与多样化的学习方法以及个性化的评价标准和及时的学习反馈方式,使学生能够形成可持续的自我学习、自我监控、自我管理和自我评价。②方案实施差异化,在体育教学中,深入了解学生,尊重学生个体差异,针对学生存在的问题或发展潜能实施个性化教学方案,因材施教。③组织形式多样化,情境创设的形式包括实践调查、实验、观摩记录、赛事赏析、资料查询、自主发现、合作探究、课上展示交流等。④教学过程主体化,以服务学生学会学习、学会生活、学会应用所学知识与技能为旨趣,激发学生求知欲望,调动学生积极性、主动性和创造性。

第八章 体育课堂教学评价设计

传统以"教"为主的范式，体育教学评价注重体育知识与技能的掌握程度或体质健康达标水平，往往通过阶段的客观测试方式来进行量化评价。与其他学科一样，体育教学评价存在低效甚至无效现象，评价方式单一，呈现结果单调，其选拔和甄别功能日益凸显，促进学生全面协调发展的功能却被遮蔽和淡化[1]。

评价不仅要关注学生学习的效果，还要关注学生学习过程的情态动机和学习方式；不仅要关注学生体育知识与技能的掌握程度、体质健康达标水平，还要关注学生体育情感、健康行为和体育品德的养成。从学生学习实际需要出发，学生需要及时了解自己的进步，评判自己的成绩，发现学习存在的问题，修正自己的学习行为，明确自己的学习目标，监控自己的发展方向，认识自己的优势、倾向和不足之处[2]。学生学习过程的行为表现与成就体验反馈是激发学生学习兴趣、调动学生学习积极性的关键，而过程性评价是当前学术界达成共识的一种有效方式[3]。过程性评价既在学生学习过程中发生，也在学生学习过程中完成[4]，它同结果性评价相比，最突出的特点是能够为学生在学习过程中提供即时诊断、即时反馈和即时证明的评价标准及评价方法，以充分发挥评价的导向、诊断、激励和证明的作用，有效地调动学生参与课堂教学的积极性、主动性和创造性。从已有研究成果来看，体育课堂教学实施过程性能评价需要解决三个问题，即过程性评价标准研制、过程性评价积分办法和过程性评价方式设计。

---

[1] 李如密，姜艳.核心素养视域中的教学评价教育：原因、价值与路径[J].当代教育与文化，2017，9（6）：60-66.

[2] 王烁，李昂扬，苏君阳.近十年国际教育评价研究热点与趋势的可视化分析[J].黑龙江高教研究，2021（1）：14-22.

[3] 姜昕.我国教育评价制度存在的问题及改进建议[J].教学与管理，2017（27）：118-120.

[4] 史晓燕.教师教学评价：主体·标准·模式·方法[M].北京：中国轻工业出版社，2018.

第一节　体育课堂教学过程性评价标准研制

评价标准是实施过程性评价的关键，是教师评价、学生自评与互评的重要依据[1]，既能引导教师选择教学内容、安排教学任务、创设教学情境，又能为学生学习过程指明方向。体育课堂教学过程性评价标准研制，主要依据运动项目课程学业质量要求和课堂教学关键能力活动，以高中足球项目课堂教学为例，具体如下。

一、依据运动项目课程学业质量要求

模块1学业要求：学生对足球具有一定的认知和了解，掌握所学足球运动的动作技术和基础配合，并能够在足球游戏活动和小场地比赛中予以运用；一般体能和专项体能的水平有一定程度的提高；初步掌握获取足球运动知识的多种途径和方法（运动能力目标）；基本掌握并能够运用足球运动安全防护知识，表现出一定的合作能力、意志品质、拼搏精神和文明礼貌行为，按照基本规则参与足球游戏或比赛（健康行为和体育品德目标）。

模块2学业要求：学生能够掌握所学足球运动的动作技术、组合动作技术和基础配合，并能够在对抗情境中予以运用，初步形成在足球学习和比赛中分析问题和解决问题的能力；一般体能和专项体能的水平明显提高（运动能力目标）；学会安全地参与足球运动，能预防和简单处理足球运动中常见的运动损伤；克服困难、坚持不懈，具有一定的挑战自我的能力和情绪调控能力，表现出合作精神和公平竞争意识；遵守规则，相互尊重（健康行为和体育品德目标）。

模块3学业要求：学生能够掌握和运用所学足球运动的动作技术、组合动作技术以及局部战术配合、定位球战术配合，并能够在对抗情境中予以运用；完整地参加五对五、七对七的教学比赛，表现出比较充沛的体力，具有一定的应对场上变化的能力（运动能力目标）；学会处理足球运动中出现的疲劳问题并积极进行身心恢复；遵守规则、服从裁判、相互尊重、顽强拼搏、挑战自我、奋发向上，有较强的配合能力和公平竞争的意识，能调控自己的情绪变化，正确对待比赛胜负（健康行为和体育品德目标）。

---

[1] 史晓燕.教师教学评价：主体·标准·模式·方法［M］.北京：中国轻工业出版社，2018.

模块4~模块8学业要求可以依据教学实际情况，由学校教研室教师共同协商制订。

二、依据课堂教学关键能力活动

综合足球模块教学内容要求、教学提示和学业要求，结合高中体育与健康课程教学实际情况，在长期实践经验总结的基础上，凝练体育与健康知识竞赛、学生体质测评、运动技能展示、课堂行为表现、课后学习反思、课后学练分享六大关键能力活动。

（一）体育与健康知识竞赛

体育与健康知识竞赛关键能力活动，包含足球项目知识、足球运动中运动损伤的保护与防治、运动营养与保健、足球裁判知识与规则、足球技战术动作的运动生理生化知识等多个方面的内容，涉及学科广泛。"不积跬步，无以至千里"，体育与健康知识的掌握需要学生在日常学习过程中不断地积累。体育与健康知识竞赛可分为两个形式进行。第一种形式是编制试卷，系统地评估学生知识的掌握情况。试卷的内容包括封闭性试题，半开放式试题和开放性试题。封闭性试题主要测评学生对体育与健康学科和足球基础知识的识记和理解情况，较为简单；半开放性试题主要考查学生对基础知识的运用情况，是否能在特定情况下得出最优解，这类试题比封闭性试题灵活，也更加考验学生的逻辑思维和临场判断能力；对于开放性试题学生可以根据自己的思路或感兴趣的问题进行作答，没有固定的答案，涉及多个方面的内容，需要学生自主进行设计、创新，更加考验学生的综合素质。这种测试形式主要在模块学习结束或学期结束时进行。第二种形式是在课堂上随堂向学生进行提问。教师在上一节课结束时，根据下节课的课程安排，向学生提出几个与下节课学习内容相关的问题，要求学生在课下学习探究、寻找答案，在下一节课开始前对学生进行提问。随堂提问一般设置两个问题，一个是封闭性问题，一个是开放性问题，要求学生主动回答问题，回答过程应清晰、流畅，开放性问题的回答要做到有理有据。

（二）学生体质测评

来源于运动能力的具体化表现形式——体能状况。足球体能包括一般体能和足球专项体能两类。在高中足球课教学中融入了课堂测试，这是检验学生体能状况学习效果与练习效果的最直观手段。学生体质测评以两种形式进行：一般体能和足球专项体能水平测试、进步程度测试。其中，学生一般体能的优秀、良好标准分别对应《国家学生体质健康标准》的优秀、良好标准；足球专项体能的优秀、良好标准以《全国青少年校园足球教学指南（试行）》中的标准为参考。进步程度测试的标准为体能测试成绩提高一档，即单项测试由不及格提升为及格、由及格提升为良好、由良好提升为优秀。

（三）运动技能展示

中国教育科学研究院体育卫生艺术教育研究所所长吴键讲述了一个观摩中外中学生比赛的故事：那时正值盛夏，赛地有一个很大的喷泉水池，外国的一群男生在比赛结束之后，都脱去上衣跳进喷泉池里戏水，玩得好不热闹。中国的学生都在一旁看着，显然也很想参与进去。吴键问他们，你们为什么不去玩？中国的学生回答，看着他们，我们都不好意思脱上衣，因为，我们要么太瘦了，身上都是"排骨"，要么太胖了[1]。吴所长讲的这个故事，让我的内心受到了很大的触动。胖或瘦应该是影响学生参与比赛或游戏的原因吗？经过体育课程的学习，学生应该了解自己的身体，敢于展示自己的身体。不得不承认，这是体育教育的缺失。运动技能展示这一关键能力活动，是对体育教育缺失部分的补充。运动技能展示与比赛包括三部分的内容：一是以个人或小组的形式进行技能展示；二是学生指出进行动作技能展示的同学在展示过程中出现的技战术错误；三是在课堂比赛中获得成绩。完成运动技能展示，学生不仅要学会并熟练掌握技术动作，还要敢开口讲、能讲明白技术要领，敢展示、能做好技术动作。通过技能展示和体育比赛，敢于开口表达、展示自己，哪怕只有一次成功的展示，都可能使学生重新审视自己、肯定自己，提升学生的自尊心和自信心，培养学生的语言表达能力和勇敢、坚强的体育精神，并将这种体育精神带到生活和学习中去，进一步健全人格，为学生的长远发展提供能量。

（四）课堂行为表现

课堂行为表现关键能力活动包括比赛表现、学习过程的品德表现、处理与

---

[1] 慈鑫.学校体育不应忽视体育文化塑造[N].中国青年报，2021-01-05（4）.

避免运动损伤的能力,属于健康行为和体育品德范畴。足球是11个人同时在场地中进行配合的项目,有很强的对抗性,对团队配合也有很高的要求。但是在足球练习或比赛进行的过程中,很少出现队员之间相互抱怨的情况。如在比赛中利用反越位战术进攻时,队员间对传球时机的判断有误差,导致战术失败,传接球的双方都会主动举手示歉或说"我的",既是对同伴的鼓励与肯定,也是自己勇于承担责任的表现;在防守出现漏洞需要及时补防时,队员主动喊"我来",及时落位。足球运动的特点还要求队员之间必须有极强的包容度,这些体育品德可以通过关键能力活动,内化为学生的价值追求和精神风貌。

(五)课后学习反思

子曰:"学而不思则罔,思而不学则殆。"[1]这里的"思",是思考,也是反思。课后学习反思是学生对教师教学过程和自身学习过程的思考。学习结束后对学习内容和学习效果进行反思的过程,像人体消化吸收营养一样,是无法替代、不可或缺的。课后学习反思是对学习的常规性回顾或重复,也是对学习过程中知识、练习方法、练习策略的深度思考,可帮助学生学会学习,最终指向学生的自主学习和全面发展。在现阶段的体育教学实践中,缺少学习后的反思,这是现阶段体育教学实践中最为薄弱的一环。

(六)课后学练分享

课后学练分享的最终目的是使学生养成体育锻炼的意识与习惯,属于健康行为素养的内容。教师为学生制定每周学练目标、学练计划,学生在完成学练任务的同时体验运动锻炼给自身带来的好处,有助于学生自觉主动地进行体育锻炼,将体育锻炼作为增强体质的手段和放松心情的方法。在这个过程中养成体育锻炼的意识与习惯,也符合教育的真谛:好的教育应该是培养终身运动者、责任担当者、问题解决者和优雅生活者[2]。

---

[1] 孔子,芳园,刘光远. 论语·中庸·大学[M]. 耀世典藏版. 天津:天津人民出版社,2015.
[2] 吕红娟. 办好教育才能赢得未来[N]. 学习时报,2021-03-12(2).

三、研制高中足球课过程性评价标准

通过查阅大量学生体育学习课堂行为相关的文献资料，借鉴课题组前期研究成果，实践观察总结学生在体育课堂学习过程中出现的学习态度及其引发的课堂行为表现。学生的课堂学习行为表现可以分为两类，即积极的学习态度促成的优秀学习行为和消极的学习态度导致的不当学习行为。优秀学习行为，包括在课程学习开始前和课程学习结束后主动协助教师对教学器材进行整理、摆放；在课堂学习和练习中，遇到没有完全理解的内容，主动向老师或同学请教；在课堂学习过程中主动帮助未掌握学习内容的同学进行技战术学习；在比赛中，沉着冷静、尊重对手、尊重比赛，并鼓励队友克服困难、坚持不懈；如遇同学在课堂上突发扭脚等状况时，能主动协助教师处理受伤学生的伤情或在教师忙于处理课堂事故时维持课堂秩序，勇于承担责任，主动关心同学等。不当学习行为，包括穿着牛仔裤、皮鞋等不当服装到体育课堂进行学习；以各种莫须有的理由申请课堂见习，逃避课堂技战术的学练；课堂走神儿，没有及时跟随教师的指示进行运动项目的练习或转换等；课堂测试或学期考试造假，如800米体测时少跑圈数、跳绳测试谎报每分钟跳绳次数等；在课堂上聚集聊天、追逐打闹，扰乱课堂秩序等；在教师对其严格要求或处理其课堂违纪时故意顶撞教师或同学等；在教学比赛中，故意违反规则，造成课堂冲突等。学生在体育课堂学习的过程中展现的优秀学习行为与不当学习行为，符合趋避动机下的趋近行为和规避行为维度的内容。

在了解学生课堂学习行为的基础上，以体育与健康学科核心素养培育的学生运动能力、健康行为和体育品德的具体内容和关键能力活动内容为依据，结合趋避动机理论，以优秀行为和不当行为作为高中足球课实施过程性评价的一级指标，并初步构建二级指标和评价标准。优秀行为下设的二级指标为：体育与健康知识竞赛、学生体能表现、运动技能展示与比赛、体育品德表现、课后学练分享；不当行为下设的二级指标包括：失责行为（旷课、迟到、早退、课堂走神儿），失信行为，失礼行为（表8-1、表8-2）。

表8-1 高中足球课实施过程性评价指标及指标说明

一级指标	二级指标	指标说明
A 优秀行为	A1体育与健康知识竞赛	①足球项目知识 ②足球运动中运动损伤的保护与防治 ③运动营养与保健 ④运动解剖与运动生理生化知识等
	A2学生体能表现	①一般体能 ②足球专项体能
	A3运动技能展示与比赛	①技能展示 ②战术展示 ③练习方法展示 ④课堂比赛表现
	A4体育品德表现	学生在课堂学习过程中表现出的良好体育精神、体育道德和体育品格
	A5课后学练分享	①分享学习资料 ②分享课后学练证据
B 不当行为	B1失责行为	迟到、旷课、早退、上课不专心等
	B2失信行为	不诚实守信、扰乱课堂秩序等
	B3失礼行为	课堂穿着不当，不尊重教师、同学，参与课堂冲突、恶意犯规等

表8-2 高中足球课过程性评价标准及使用说明

二级指标	优秀标准	良好标准	使用说明
体育与健康知识竞赛	主动回答教师提出的两个问题，一个封闭式问题，一个开放性问题，回答过程清晰、流畅	主动回答教师提出的两个问题中的一个，或回答出两个问题，但回答过程不流畅	①主动回答问题，回答不上，不记不当行为 ②被动回答问题，评价标准降一档，回答不上，记半次不当行为

（续表）

二级指标	优秀标准	良好标准	使用说明
学生体能表现	①一般体能课堂测试达到优秀标准 ②足球专项体能测试达到优秀标准	①一般体能课堂测试达到良好标准 ②专项体能测试达到良好标准 ③体能测试成绩提升一档	①一般体能的优秀、良好标准分别对应《国家学生体质健康标准》中的优秀、良好标准 ②专项体能的优秀、良好标准分别对应《全国青少年校园足球教学指南（试行）》中的标准
运动技能展示与比赛	①以个人或小组的形式进行技能展示，清晰、流畅地完成技能展示，至多有一处动作错误 ②准确、完整指出动作技能展示中的技战术动作错误，并提出改正措施 ③课堂比赛时获得较好名次	①以个人或小组的形式进行技能展示，清晰、流畅地完成技能展示，至多有两处动作错误 ②能够找出运动技能展示中存在动作错误，允许一处遗漏 ③在比赛中合理运用所学技战术或有配合	①学生符合其中一个条件，即满足相应优秀、良好标准 ②主动展示，未按要求完成展示，不记不当行为；被动展示，评价标准降一档，未按要求完成展示记不当行为半次 ③"获得较好名次"暂不做具体规定，根据每次比赛的实际分组情况具体分析
体育品德表现	①在学习或比赛过程中表现较为突出的积极、刻苦、克服困难、团结协作、尊重规则等品质 ②能够在第一时间，合理预处理突发事件或阻止事态进一步发展	①在学习或比赛过程中表现积极、刻苦、克服困难、团结协作、尊重规则等品质，且有上升空间 ②主动协助教师处理课堂突发事件	学生符合其中一个条件要求，即满足相应优秀、良好标准

（续表）

二级指标	优秀标准	良好标准	使用说明
课后学练分享	①分享与所学内容相关、展现优秀体育品德的比赛视频、案例或相关资源链接等 ②分享自己运动锻炼的图片、视频 ③分享自己学习规则、裁判知识的图片、视频等	只进行相关内容的分享，未根据分享内容书写推荐说明，或推荐说明书写不准确	①满足三个条件中的一个，即达到优秀标准 ②按要求参与分享可获得良好 ③推荐说明不少于100字，并在一周内进行分享。教师在上课前公示获优、良名单，课上记分

第二节 体育课堂教学过程性评价积分办法

有效的课堂管理是提高教学质量的保障。清晰、明确的奖惩制度是规范学生学习行为的不二法则[1]。为激发学生的学习动机，提高学生对体育课程学习的重视程度，充分调动学生学习的自觉性、主动性和创造性，高中足球课程教学采用积分制管理办法，即时评价学生学习过程的行为表现，并构建过程性行为表现成绩档案，记录学生学习过程的行为表现。

一、积分制管理办法的设计与实施

积分制管理是指把积分考核制度用于对员工的管理，以积分来衡量员工的自我价值，全面反映和考核员工的综合表现，其核心内容是用奖分和扣分来记录和考核人的综合表现，然后把各种物资待遇、福利与积分挂钩，并向高分人群倾斜，从而激励人的主观能动性，充分调动人的积极性。

积分制管理作为一种管理方式，我国很早就已在各个领域中运用。改革开放之前，我国使用的"工分"就是积分制，把每个人每天的劳动量直接折算成

---

[1] 詹姆斯·R.戴维斯，布里奇特·D.阿伦德. 高效能教学的七种方法[M]. 程定刚，译. 广州：华南理工大学出版社，2014.

"工分","工分"再换算成劳动收入，这是对积分制管理的简单运用。随着社会的发展，积分制管理普遍应用于企业管理、学校管理、医院管理等众多领域。

在体育课堂教学评价中使用积分制课堂教学管理办法，改变传统体育课堂教学评价在期末时"一次考试定成绩"的考核方式，按百分制记录学生平时成绩，设置学生平时成绩的基础成绩为40分，以"优秀"记加分标准，10分/优秀、5分/良好，以"不当行为"记扣分标准，–10分或–5分/不当行为，连续累积4个不当行为，取消考试资格，累积6个优秀，平时分记为满分100分，优秀可以抵消不当行为，即获得1次优秀，可以抵消1次不当行为，最后累积的分数，即为平时成绩。

"优秀"即构建的过程性评价一级指标"优秀行为"中的内容：①体育与健康知识竞赛；②学生体能表现；③运动技能展示与比赛；④体育品德表现；⑤课后学练分享，根据学生实际表现与过程性评价标准，优秀记10分，良好记5分，记分标记为"√"并注明加分项。优秀行为在课堂上是需要推广的，值得所有的学生去学习，向优秀行为靠拢；"不当行为"即构建的过程性评价一级指标"不当行为"中的内容：①失责行为；②失信行为；③失礼行为，记分标记为"×"，并注明扣分项。不当行为在课堂上是要杜绝的，每个人都需要为自己的行为负责，避免不当行为的产生，一节好的体育课，需要师生共同努力营造良好的课堂氛围。

在实施积分制课堂教学管理办法的初始阶段，可以设置平时成绩占总成绩的比例为50%，随后根据"积分制"管理办法的实施情况，逐步增加平时成绩占总成绩的比例，可以增加至60%、70%，以提升学生对过程性评价的重视程度，对学生核心素养的养成情况进行全面的评价。

二、过程性评价个人成绩档案设计与实施

积分制课堂教学管理办法是对学生某一模块或某一阶段学习的评价，与终结性评价相比时间跨度较大。为方便过程性评价方案的实施操作，简化教师的工作量，记录学生阶段性学习的成长过程，可设计学生过程性行为表现成绩档案表（表8-3），跟踪收集学生课堂行为表现，为评价学生核心素养的养成情况提供证据。过程性行为表现成绩档案的建立过程如下：任课教师在每学期的第一堂课，按照学生的身高和班级人数的实际情况，编制适合的队列队形。以第几排第几号作为学生的固定编号，如学生A为第4排从左至右数第5位，就是4

排5号。向学生清晰地解读积分制管理办法及其具体的评价指标与评价内容,与学生建立课堂契约,并向学生明确积分制管理办法的积分办法和记录方式——优秀行为打"√",不当行为打"×",并标注具体的优秀行为或不当行为项目,记录学生平时表现,并进行定期公示。

具体的记录方法:在足球模块学习开始的第一节课,对班级学生,按照性别、身高等内容,进行队列队形排列。排列后的队列队形,为本模块学习固定队列队形。并要求学生,若某节课有同学未到课堂进行学习,在课堂整队时,不要补齐该同学的位置,让教师一目了然地掌握课堂的出勤情况。与此同时,按照排好的队列队形,为学生编号。例如,第1排左起第1位同学,为11号,第1排左起第6位同学,为16号,第3排左起第12名同学,为312号,作为记录学生过程行为表现的编号。在课堂评价中,以编号作为记录的依据,在课堂上,将评价的结果告知学生,但不在课堂进行的过程中记录,而是等本节课学习结束后,由学生根据课上的评价结果,找老师进行记录。记录方式如表8-3所示:第一排左起第一位同学张××,编号11,在足球第二节课中,达到了"体育品德表现"的优秀标准;第一排左起第二位同学王×,编号12,在第二节课旷课,是不当行为"失责行为"的内容。在模块学习结束时,对学生整个模块的行为表现情况进行整理,按照正负分相抵的原则,记为学生平时成绩,按事先设定好的成绩比例情况,计入总成绩。

表8-3 高中足球课实施过程性评价个人成绩档案

第 排

课次 姓名	1	2	3	4	5	6	7	8	9	10	11	12	13	14	15	16	17	18	合计
1 张××		④√		②√		…													
2 王×		①√	①√		⑤√	…													
3 李××			①√	④√		…													
4 …						…													
5 …						…													
6 …						…													
7 …						…													
8 …						…													
9 …						…													
10 …						…													
11 …						…													

第三节 体育课堂教学过程性评价方式设计

体育课程教学评价,包括体育课堂教学评价、同事评价、家长评价、学校领导评价等。体育课堂教学是体育课程教学的核心,所以我们应聚焦体育课堂教学评价。体育课堂教学评价包括教师评价和学生评价,因此,可以已得的过程性评价标准、积分制课堂教学管理办法和过程性行为表现成绩档案表为基础,围绕教师评价和学生评价进行体育课堂教学评价方式设计。

一、教师评价设计

教师评价是由体育教师依据对学生学习目标的达成度、行为表现和进步幅度等,对学生在运动能力、健康行为和体育品德等方面进行的综合评价。教师评价的方法主要包括课堂观察法、技能掌握评定、小组捆绑式评价方法和成长记录评价。

课堂观察法的主体是体育教师,需要在学生练习过程和比赛过程中有目的性地观察学生语言表现、动作技能运用表现以及同伴合作的方式,借助口头表扬或批评或示范提示的手段辅助学生学习,如在同伴传接球练习中由于触球位置的错误导致的起高球,教师要给予技术指导和点评,又如在比赛中对同伴的积极合作给予鼓励等。技能掌握评定十分关键,练习过程中体育教师要巡回指导,依据脚内侧传接地滚球的技术标准查看学生练习过程中的掌握情况,做到80%学生能够初步熟练掌握,且在分组比赛的对抗过程中,也要对学生的传接球进行技能评定,此外对于学习困难的学生要积极地进行教学关怀,提升学生学习的自信心。小组捆绑式评价是体育教师对学生团体的评价(模块学习中固定好分组),由体育教师对小组在比赛和合作练习中的表现给予整体性的评价。成长记录的要点在于教师对学生学习的记录,因为学科核心素养的诸多要素难以通过一节课来实现,必将是一个长期学习与评价的过程,针对学生学习中的表现、进步度以及在比赛过程中表现出的合作、拼搏、友谊和尊重等行为,以个体或者小组的形式记录,是学生学习评定的重要手段。这里的成长记录,具体的表现形式即过程性评价个人成绩档案。

二、学生评价设计

学生评价是学生对自己或者同伴的体育与健康学习情况进行的评价，包含学生自评与学生互评。

（一）学生自评

学生自评与同伴或小组自评的主体是学生，学生是学习的直接参与者和体验者，通过激发学生在评价过程中的主体性利，于发展学生的体育与健康学科核心素养。学生自评是对课堂学习过程中自我学习的回顾和反思，可在课堂的结束部分让学生对自己本节课的学习表现和收获进行总结，并说出具体的收获和不足。学生自评有两种具体的手段：一种是采用信任制，即学生根据制定的评价标准和每节课的学习情况进行自我评价，自己记录自己的成绩。采用信任制是课程思政的体现。教师在教学的过程中相信学生，学生才能将真实的学习效果反馈出来。如每组选定一名同学为小组长，记录本组成员的自评成绩。教师按照每节课学习内容，制定具体的评价标准，公布给每一名同学。在课堂教学结束时，要求学生根据本节课自己的表现情况进行评价，如果学生认为本节课自己的表现是优秀，就直臂高举手；认为自己这节课的表现是良好，就举手与头齐平；认为自己这节课达标，就把手举到胸前的位置。另一种是学生的自我学习反思。反思是体育学习中很重要的一部分，学生能够通过学习反思，分析、解决学习中出现的问题。学生可以通过课下撰写简短体育日志（体育课中发生的一件小事、我进步啦等）的形式来记录自身的学习过程或者学习感悟，由学生本人决定是否在班级范围内公开，然后上交给体育教师保管和存档。

（二）学生互评

学生互评在于同伴之间和组员之间客观评价彼此学习过程中的表现，如"同伴之间的哪里表现得最好""如何看待组内的学习合作""小组比赛中最想感谢谁"等，可以通过互议的方式让学生深刻体会运动学习的意义，不进行记录[1]。

---

[1] 尚力沛，程传银. 基于学科核心素养的体育学习情境：创设、生成与评价[J]. 沈阳体育学院学报，2019，38（2）：78-85.

如教师讲解完技术动作要领之后,小组4人进行分组练习,并要求小组成员在练习的过程中展开简单的评价,小组成员对学习过程中同伴的掌握情况给予适当点评,还可以一起探讨如何更好地完成技术动作。又如教师在体育课堂比赛的过程中,要求队员之间展开互评,指出同伴的优缺点:哪里做得好,哪里做得不好,如何纠正等。同伴互评、互相纠错,能使学生形成学习的成就感和相互进步的挑战感。

总体而言,教师评价可以帮助学生及时、直接、具体、有针对性地了解自己的学习情况;学生评价能够培养学生良好的观察能力、判断能力、评价和分析能力,更是一种发挥学生主体作用的教育行为。在教学中,教师应及时引导学生进行自我评价和相互评价,并及时对他们的评价给予客观、具体、公正的信息反馈,让每个学生都能通过自我评价和相互评价看到自己的进步与不足,从而鼓励自己更有效地学习[1]。

---

[1] 季浏,钟秉枢. 普通高中体育与健康课程标准(2017年版)解读[M]. 北京:高等教育出版社,2018.

第九章　体育课堂教学设计示例

从现代学习理论来看，基于学生发展核心素养的体育课堂教学设计，更适合采用"逆向教学设计"，即明确课堂教学目标，依据实现目标的证据，设计学习任务（教学情境），并提供可测能评的评价标准及评价方式。

课堂学习任务的设计主要涉及三个方面：

一是通过教师的讲解示范，让学生达到低阶的意义化教学目标，即基础的运动认知。基础的运动认知是学生掌握基本动作要领和模仿动作技术规范的基础，是学生发展核心素养的必要条件，但不充分，还需要在学生已有认知的基础上，创设深度学习任务，如为学生创设判断同伴的动作是否规范、说明理由、给出建议的情境。如果学生能够依据动作要领和已有的运动认知，判断同伴的动作是否规范，并能说出理由。那么，这个过程就是学生发现问题、分析问题、解决问题的过程，对发展学生解释说明、概括关联、辨识记忆等高阶学习理解能力至关重要。

二是通过教师的引导纠正，功能化教学目标的实现。以前中小学体育课，体育与健康知识无法融入课堂教学中，很大一部分原因是我们把体育简单地理解为运动技能的教学，而不是对身体、心灵的教育。发展学生核心素养的课堂教学，不仅仅围绕运动项目的内容、技术环节，还围绕学生要学什么、怎么学，分析、推理学生的学习需求。在实践应用的过程中，学生若能够判断同伴的技术动作是否规范并能做一些简单的解释，他一定想知道同伴技术动作错误的原因是什么，如何帮助同伴进行改正。这就需要教师分析技术动作错误的原因，为学生创设两个深度学习任务。从技术动作出现错误的原因来看主要有两个问题：一个是动作轨迹的问题。每个技术动作都有运动轨迹，无论是角度还是弧度偏差，都会造成动作不规范。学生的能力有限，需要教师帮助其解决运动轨迹错误的问题，应告诉学生有效的干预方法。一般情况，运动轨迹出现了问题，可以采用限制法、诱导法进行干预。同时让学生思考，在教师提供的训练方法基础上，创造一些新的干预方法，培养学生的创造能力、协作能力。另一个就是学生的运动素质或是心理上的问题。例如，学生的力量不够强劲、速度不够快，这个问题需要怎么解决，则需要学生查找资料，找出所学动作技能与哪块肌肉有关系，跟哪个动力系统相关，以及有效的训练方法有哪些等。这个过程可以帮助学生更好地利用体育与健康知识，认识自己的身体，发展自己的身体。

三是将运动项目的核心价值迁移到学生的学习与生活实际情境当中，实现素养化教学目标。这一阶段的学习任务是在学习理解、实践应用的基础上，以学生所学的知识技能为载体，创设综合性的学习任务。其中最基础的学习任务是体育比赛或游戏活动，更深层次的是创设一些关联学生实际生活的学习情境，如以定向越野、逃生、救助、搬运、安全运动调研、科学健身指导等为主题的学习任务，帮助学生通过亲身体悟、系统探究、分析判断、推理预测等高阶学习行为，内化为体育情感、健康行为和体育品德。

第一节　羽毛球正手击高远球课堂教学示例

（一个单元、四个课时）

第一课时　相信自己，更高更远

教学对象	初三（1）班40人		任课教师	曹文杰
学情分析	班内学生身体健康、热爱运动，但部分学生身体协调、耐力等素质较差；班级积极上进，但凝聚力不足；学生都接触过羽毛球运动，但对羽毛球没有清晰的认知。因此需要进行科学的干预和指导			
场地器材	4块羽毛球场地、4桶羽毛球、40只羽毛球拍、20个标志杆和20根细绳			
教学目标	运动能力：学生能够说出羽毛球正手击高远球的动作要领，做出规范的技术动作，连续击中4次固定球为优秀，3次为良好，2次为达标 体育品德：在学习的过程中培养学生吃苦耐劳、顽强拼搏的意志品质，使学生体会到自身的进步进而帮助树立学生自信心			
重点难点	重点：身体、手臂放松，以肩为轴，侧身击球 难点：上下肢协调配合，击球点的选择		时间	强度
学习情境	任务一：集合整队，慢跑热身 教师集合整队进行师生问好，绕羽毛球场慢跑3圈、做羽毛球操进行常规热身		5分钟	中

(续表)

教学对象	初三（1）班40人		任课教师	曹文杰
重点难点	重点：身体、手臂放松，以肩为轴，侧身击球 难点：上下肢协调配合，击球点的选择		时间	强度
学习情境	任务二：导入彩虹飞舞游戏，比一比谁扔得更远 在羽毛球的球托处包裹上一小段儿彩带。四个场地分成八组，每个场地的两组学生分别站在球网两侧，听教师的口令，用力将球投向对面。由于球托后有一段儿彩带，飞在空中，形成了一条条美丽的彩虹。通过创设游戏情境增加学生学习兴趣，使学生体会正手击高远球的发力过程，引入羽毛球正手击高远球技术		9分钟	中大
	任务三：教师示范完整技术动作，讲解动作要领 教师通过侧面示范、正面示范为学生展示正手击高远球完整技术动作，对动作要领进行讲解，归纳总结成顺口溜：一架二打三随挥，帮助学生更好地学会技术		9分钟	小
	任务四：组织学生练习，进行动作干预，课堂考核 学生集中进行无球分解挥拍练习、无球完整挥拍练习，使学生体会动作的发力顺序，教师进行巡回指导、监督、鼓励。随后两人一组，将羽毛球用绳系于标志杆上，一人举标志杆，另一人击固定球练习，使学生在练习过程中体会击球位置。练习结束后进行课堂考核		12分钟	中大
	任务五：放松拉伸，课堂小结 带领学生进行放松拉伸活动，总结本节课学生们的学习情况，回收器材，布置课下作业让学生课下自行观看标准的正手击高远球教学视频，加深动作认知		5分钟	小

（续表）

教学对象	初三（1）班40人	任课教师	曹文杰
教学评价	评价标准 优秀：①学生能够准确连贯地说出正手击高远球的动作要领；②连续击中4次固定球；③完全遵守课堂常规、积极主动帮助同学 良好：①学生能够大致地说出正手击高远球的动作要领；②连续击中3次固定球；③较好遵守课堂常规、比较积极主动帮助同学 达标：①学生能够在教师的提醒下说出正手击高远球的动作要领；②连续击中2次固定球；③基本遵守课堂常规、帮助同学 评价方式：教师评价、学生自评。运用档案袋法，以"积分"的方式记录学生学习过程中的行为表现，优秀记3分、良好记2分、达标记1分 反馈方法：课堂提问、课堂考核、分小组进行教学检验、分小组练习		
应急预案	问题预测：学生在初学阶段会出现各种错误动作 如何解决：教师要积极指导，可采用干预动作轨迹的方式来进行纠正		

第二课时　互相帮助，共同进步

教学对象	初三（1）班40人	任课教师	曹文杰
学情分析	班级40位学生在第一课时的学习后，有了浓厚的羽毛球学习兴趣，对正手击高远球有了一定的认识，大部分同学能够完成击固定球，本节课需要进一步提高技术动作		
场地器材	4块羽毛球场地、4桶羽毛球、40只羽毛球拍和20根弹力带		
教学目标	运动能力：学生能够帮助同伴找出优点与不足，能够一定程度上进行解释说明，做出标准规范的技术动作，能连续将球击至后场底线区域4次为优秀、3次为良好、2次为达标 健康行为：学生能够认真遵守课堂规范，课中无不当表现行为，知道正手击高远球的相关安全知识，避免运动损伤，养成安全运动的意识和习惯 体育品德：在练习过程中学生通过观察能发现同伴的优点，找出缺点，形成团结奋斗、相互帮助的班级风气，培养学生勇于进取、不怕困难的意志品质		

（续表）

教学对象	初三（1）班40人		任课教师	曹文杰
重点 难点	重点：身体、手臂放松，以肩为轴，侧身击球 难点：上下肢协调配合，击球点的选择		时间	强度
学习 情境	任务一：集合整队，情境导入，游戏热身 教师集合整队进行师生问好，播放正手击高远球教学视频，与同学一起探究规范技术动作的生理学、生物学、运动力学原理，融入运动人体科学知识，帮助学生从多个方面加深对技能的理解与掌握程度，对上节课进行复习、巩固，达到温故知新。随后进行羽毛球摸球接力游戏热身		10分钟	中
	任务二：教师示范讲解各种易犯错误、原因以及纠正方法 教师通过正面示范、侧面示范来为学生表现正手击远球中各种常见的错误动作，解释出现的原因，以及如何进行指导与纠正，锻炼学生发现错误的能力		7分钟	小
	任务三：分组练习，互相帮助与指导，课堂考核 四块场地共分成八组，分优秀组和基础组两类，优秀组学生进行有球的自抛自打练习，基础组学生继续进行击固定球练习，组内学生互相观察同伴的动作，找出同伴出现的错误，进行指导纠正。练习结束进行课堂考核		10分钟	中
	任务四：发展体能，提高身体素质 ①两人一组，将弹力带踩到脚下，双手抓弹力带两侧进行侧平举20次练习；②窄距俯卧撑20个；③平板支撑2分钟；④1分钟跳绳		8分钟	中大
	任务五：放松拉伸，课堂小结 带领学生进行放松拉伸活动，总结本节课学生们的学习情况，回收器材，布置课下作业：两人自由组队进行练习与指导，以巩固提高		5分钟	中小

教学对象	初三（1）班40人		任课教师	曹文杰
教学评价	评价标准 优秀：①连续将球击至后场底线区域4次；②能完全遵守课堂常规、积极参与课堂学习；③能够积极主动帮助同伴找出优点与不足 良好：①连续将球击至后场底线区域3次；②能较好遵守课堂常规、较为积极参与课堂学习；③能够较为积极主动帮助同伴找出优点与不足 达标：①连续将球击至后场底线区域2次；②能基本遵守课堂常规、参与课堂学习；③能够帮助同伴找出优点与不足 评价方式：教师评价、学生互评。运用档案袋法，以"积分"的方式记录学生学习过程中的行为表现，优秀记3分、良好记2分、达标记1分 反馈方法：课堂提问、课堂考核、分小组进行教学检验、分小组练习			
应急预案	问题预测：部分学生不能正确发现同伴存在的问题 如何解决：帮助学生重新梳理动作要领，教师展示错误动作，学生反复进行观察			

第三课时　强化素质，超越自我

教学对象	初三（1）班40人		任课教师	曹文杰
学情分析	经过2个课时的学习，学生们已经基本掌握了正手击高远球的动作要领，能够做出规范标准的技术动作，本节课需要在学生掌握技术的基础上发展专项体能			
场地器材	4块羽毛球场地、4桶羽毛球、40只羽毛球拍和10块秒表			
教学目标	运动能力：学生能够利用所学知识发现错误动作、分析原因、纠正干预，能自主制定体能训练的有效方法，正手击高远球能对拉15回合为优秀，10回合为良好，5回合为达标 健康行为：知道不少于2个训练协调能力以及上肢力量的科学方法，避免运动损伤，每周能坚持不少于3次的体能训练 体育品德：通过比一比看谁能扔过去、比一比看谁的速度更快等关键能力活动，培养学生坚持不懈、超越自我的意志品质			

(续表)

教学对象	初三（1）班40人	任课教师	曹文杰
重点难点	重点：身体、手臂放松，以肩为轴，侧身击球 难点：上下肢协调配合，击球点的选择	时间	强度
学习情境	任务一：集合整队，慢跑热身 教师集合整队进行师生问好，绕羽毛球场慢跑3圈，做羽毛球操进行常规热身	5分钟	中
	任务二：比一比看谁能扔过去 四块场地共分成八组，将身体素质好的学生分到同一组，身体素质较弱的学生分到同一组。学生分别站在球网两侧的后场区域，手持羽毛球，同时向球网方向扔出，看一看谁能扔过球网，通过这项练习发展学生的上肢爆发力以及由下而上的协调配合能力	10分钟	中
	任务三：比一比看谁的速度更快 将四个羽毛球分别放在羽毛球网前两角以及后场的两角区域，学生站在场地中间，顺时针依次触摸羽毛球，每摸到一次球就要重新退回到场地中间再进行下一次摸球，秒表计时，比一比谁用时更短、速度更快，通过这项练习发展学生的专项耐力以及手脚协调配合的能力	10分钟	大
	任务四：对拉高远球练习，课堂考核 分优秀组和基础组两类：优秀组学生两人一组站在底线进行对拉高远球练习，落点位于后场两线之间；基础组学生可对球的落点降低要求，对拉中断换下一组。练习结束之后以小组为单位进行正手击高远球对拉考核，教师记录学生对拉的回合数	10分钟	中大
	任务五：放松拉伸，课堂小结 带领学生进行放松拉伸活动，总结本节课学生们的学习情况，回收器材	5分钟	小

(续表)

教学对象	初三（1）班40人	任课教师	曹文杰
教学评价	评价标准 优秀：①正手击高远球能对拉15回合为优秀；②能完全遵守课堂常规、积极主动帮助同学纠正错误；③能在练习中坚持不懈、超越自我 良好：①正手击高远球能对拉10回合；②能较好遵守课堂常规、较为积极主动帮助同学纠正错误；③能在练习中一定程度上表现出坚持不懈、超越自我 达标：①正手击高远球能对拉5回合；②能基本遵守课堂常规、帮助同学纠正错误；③能在练习中坚持一段时间 评价方式：教师评价和学生自评。运用档案袋法，以"积分"的方式记录学生学习过程中的行为表现，优秀记3分、良好记2分、达标记1分 反馈方法：课堂提问、课堂考核、分小组进行教学检验、分小组练习		
应急预案	问题预测：部分同学可能无法坚持强度比较大的专项体能训练 如何解决：教师和学生一起进行鼓励加油，帮助部分同学克服困难战胜自我		

第四课时　实践应用，赛出自我

教学对象	初三（1）班40人	任课教师	曹文杰
学情分析	经过前三节课的学习，学生们技术动作已经熟悉掌握，专项素质也得到了明显提高，本节课需要对所学的动作技术进行实践应用、迁移创新		
场地器材	4块羽毛球场地、4桶羽毛球、40只羽毛球拍、4根标志线、4支粉笔和4个肋木		
教学目标	运动能力：能够找出同学存在的击球动作或专项体能方面的问题，帮助同学制定有针对性的训练方法，提升同学的运动技术水平 健康行为：通过挑战攀岩不可能活动，帮助学生理解上肢力量在生活中的重要性，培养学生终身体育的意识与习惯 体育品德：通过举办羽毛球比赛，使学生遵循羽毛球运动中的行为规范，培养学生公平正义的体育道德以及顽强拼搏、超越自我、球不落地永不言弃的体育精神		

（续表）

教学对象	初三（1）班40人		任课教师	曹文杰
重点难点	重点：按照规则完成羽毛球比赛 难点：比赛全方位跑动中的击球		时间	强度
学习情境	任务一：集合整队，慢跑、游戏热身 教师集合整队进行师生问好，绕羽毛球场慢跑3圈、做羽毛球操、进行颠球游戏进行热身，使学生乐于参与，提高学生兴趣，烘托课堂氛围		7分钟	中
	任务二：正手击高远球练习，提高标准 四块场地共分成八组，分优秀组和基础组两类，学生进行正手击高远球练习，对击球的高度、落点做出明确的要求。优秀组需要将标志线放于球网上方3米的高度，用粉笔在后场底线区域画出球的落点范围；基础组学生可以相对降低难度要求，提高学生击球的质量和准确性		8分钟	中大
	任务三：讲解基本规则，进行羽毛球比赛 教师讲解基本的竞赛规则，使学生能够遵守规则、公平正义。在四块羽毛球场地开展羽毛球比赛，将技术好的学生安排在同一个场地，技术较弱的学生在同一个场地。使学生所学到的技术能实践应用，提高学生正手击高远球的综合应用能力，培养学生球不落地不放弃的精神和坚持不懈、超越自我的意志品质		10分钟	大
	任务四：创设情境，挑战不可能 教师可以在有限的条件下用肋木代替攀岩，让学生在肋木上进行攀爬，同时创设原始人类在丛林生活的情景，生动形象地帮助学生体会上肢力量在生活中的重要性，激发学生参与体育锻炼的积极性，培养学生坚韧、勇敢的意志品质		10分钟	中
	任务五：放松拉伸，课堂小结 带领学生进行肩部、手臂、腿部拉伸活动，总结本节课同学们的学习情况，回收器材		5分钟	小

（续表）

教学对象	初三（1）班40人	任课教师	曹文杰
教学评价	评价标准 优秀：①在羽毛球比赛中取得前10名；②能完全遵守课堂常规、公平公正参与比赛；③能够主动积极参与挑战不可能活动 良好：①在羽毛球比赛中取得11~20名；②能较好遵守课堂常规、比较公平公正参与比赛；③能够较为主动积极地参与挑战不可能活动 达标：①在羽毛球比赛中取得21~30名；②能基本遵守课堂常规、基本公平公正参与比赛；③能够参与挑战不可能活动 评价方式：教师评价、学生互评，运用档案袋法，以"积分"的方式记录学生学习过程中的行为表现，优秀记3分、良好记2分、达标记1分 反馈方法：课堂提问、课堂考核、分小组进行教学检验、分小组进行比赛、分小组进行练习		
应急预案	问题预测：部分学生初次比赛，心态容易出现问题 如何解决：教师在场下对学生进行心理疏导，消除紧张情绪		

第二节　体操手倒立课堂教学示例
（一个单元、四个课时）

第一课时　提纲挈领——奠根基

教学对象	初二（3）班20人	任课教师	李玲慧
学情分析	经调查了解初二（3）班班风优良、上课认真、态度积极，从体质测试数据来看整体身体素质良好，且初中生具备一定的陈述能力和运动能力，以及较强的规则意识和模仿能力等，本节课学习具有挑战性的有人扶持的手倒立动作要领，完成有人扶持的手倒立基本技术动作，体验成功的乐趣		
场地器材	手倒立技术动作视频1个、肋木5个、接力棒5个、体操垫5个		
教学目标	运动能力：通过有人扶持的手倒立学习，学生能够说出有人扶持的手倒立及其保护与帮助的动作要领，做出其技术动作，在完成有人扶持的手倒立时直臂直体优秀、直臂屈体/屈臂直体为良好、屈臂屈体为达标		

(续表)

教学对象	初二（3）班20人		任课教师	李玲慧
教学目标	健康行为：知道有人扶持的手倒立相关安全常识，在练习过程中能够做出规范的技术动作，避免意外事故及运动损伤，培养安全运动意识与习惯 体育品德：通过有人扶持的手倒立及其保护与帮助的练习，帮助学生树立自信，培养互帮互助、超越自我的体育精神			
重点难点	重点：直臂顶肩、蹬地摆腿 难点：倒立时立腰及双腿的控制		时间	强度
学习情境	任务一：观察编码 ①课堂常规；热身活动；游戏——报数成团；②使用视频导入新课内容，创设问题情景，进行启发式提问，教师和学生一起对动作要领进行编码（如一举二抬三扶地四蹬五摆六并腿）		8分钟	中
	任务二：分组练习 ● 四人一组，进行辅助练习：①脚放高处手撑地半倒立练习；②脚撑地做小幅度蹬地摆腿练习；③用编码步骤进行有软垫保护的倒立练习（教师巡回指导，强调重点） ● 示范讲解保护与帮助的方法，组织学生在保护与帮助下进行完整动作练习		15分钟	中大
	任务三：强化训练 ①四人一组用编码步骤，分组进行人扶持的手倒立完整动作练习；②组织学生进行展示、自评互评；③体能训练——接力比赛：先做两个俯卧撑后绕标志筒返回与同伴击掌进行接力；④放松拉伸		17分钟	中
教学评价	评价标准：优秀，直臂直体；良好，直臂屈体/屈臂直体；达标，屈臂屈体 评价方式：小组评价、自评和互评。 反馈方法：档案袋-积分法			
应急预案	问题预测：学生恐惧，害怕头朝下 如何解决：进行脚蹬墙的手倒立，让学生体会头朝下的动作，克服恐惧心理			

第二课时　从谏如流——勤练习

教学对象	初二（3）班20人	任课教师	李玲慧
学情分析	从初二（3）班第一节课的表现来看，学生有一定的基础速度、力量、柔韧和灵敏素质，对体操也充满了兴趣，并具有一定的观察、分析、解决问题的能力，上进心比较强，本节加强有人扶持的手倒立完整技术动作练习，增加倒立时长，同学之间进行互相纠错，取长补短		
场地器材	体操垫5个、双杠5副、音响1个、标志筒4个		
教学目标	运动能力：学生能够找出同伴技术动作的优点与不足，且能够进行一定程度的解释说明，做出准确技术动作，倒立时长20秒以上为优秀、15秒以上为良好、10秒以上为达标 健康行为：同学之间互相纠错时，能够虚心接受、积极改正，保持良好心态 体育品德：通过观察发现同伴的优点与不足，帮助学生营造互帮互助、团结有爱的学习氛围，培养学生文明礼貌、相互尊重的体育品格		
重点难点	重点：直臂顶肩、蹬地摆腿的配合 难点：紧腰夹臀，成一线	时间	强度
学习情境	任务一：明确目标 ①课堂常规；热身活动；游戏——贴烧饼；②教师与学生一起制定本节课的具体目标（如倒立时长20秒以上为优秀）	8分钟	中
	任务二：分组练习 ● 4人一组，分组进行辅助练习：①俯撑、侧撑等静力练习；②跪姿俯卧撑/俯卧撑等动力练习；③双杠挂腿倒立 ● 在刚才分组的基础上进行有人扶持的手倒立完整动作练习，小组互相学习、纠错，教师巡回进行适当的引导 ● 各组总结优点与不足并说出能改正的方法 ● 针对不足再次进行有人扶持的手倒立完整动作练习，练习时组内互相提醒，改进或强化技术动作	15分钟	中大
	任务三：体能训练 ①训练内容：蜘蛛爬、螃蟹爬、毛毛虫（循环练习3~5组）；②放松拉伸	15分钟	中

(续表)

教学对象	初二（3）班20人		任课教师	李玲慧
教学评价	评价标准：倒立时长20秒及以上为优秀，15秒及以上为良好，10秒及以上为达标			
	评价方式：分组计时评价			
	反馈方法：档案袋—积分法			
应急预案	问题预测：学生恐惧，害怕头朝下			
	如何解决：进行脚蹬墙的手倒立，让学生体会头朝下的动作，克服恐惧心理			

第三课时　你追我赶——展风采

教学对象	初二（3）班20人		任课教师	李玲慧
学情分析	初二（3）班的学生聪明灵敏，通过第一、二次课的学习，学生已经基本掌握了有人扶持的手倒立，但部分学生上肢及核心力量较差。本节课巩固有人扶持的手倒立技术动作练习，以比赛的形式继续提高倒立时长，通过体能训练增强上肢及躯干力量			
场地器材	体操垫5个、学生自带笔本、音响1个			
教学目标	运动能力：学生能够发现易犯错误动作，自主探究有效干预方式及体能训练方法，提升动作质量（直臂直体轻松自如为优秀、直臂直体协调连贯轻松为良好、直臂直体协调连贯较轻松为达标）及增加倒立时长（时间增加10秒及以上为优秀、7秒及以上为良好、5秒及以上为达标）			
	健康行为：知道上肢及核心力量训练常识，学会不少于3种科学有效的训练方法，并能够应用于学习实践，避免运动损伤			
	体育品德：通过你追我赶——展风采，比一比谁倒立更直、谁倒立时间更长等关键能力活动，培养学生坚持不懈的意志品质			
重点难点	重点：摆腿到位，直臂顶肩立腰		时间	强度
	难点：身体协调配合，成一线			
学习情境	任务一：生活情境导入		8分钟	中
	①课堂常规；热身活动；②生活情境导入：游戏——推小车，帮助学生领悟上肢及核心力量的重要性			

(续表)

教学对象	初二（3）班20人		任课教师	李玲慧
学习情境			时间	强度
	任务二：训练方案研制与实施 ①4人一组，建立学习小组，教师和学生一起探究科学训练上肢及核心力量的方法及制订小组训练方案； ②各学习小组根据各组方案进行训练		15分钟	中大
	任务三：训练效果展示 ①教师和学生一起分析训练中存在的问题并及时修改方案；②通过比一比谁倒立更直、谁倒立时间更长检测训练效果；③放松拉伸		15分钟	中
教学评价	评价标准 ①动作质量，直臂直体轻松自如为优秀、直臂直体协调连贯轻松为良好、直臂直体协调连贯较轻松为达标；②倒立时长，增加10秒及以上为优秀、7秒及以上为良好、5秒及以上为达标 评价方式：教师和学生共同评价、计时评价 反馈方法：档案袋—积分法			
应急预案	问题预测：研制训练方案时，学生参与讨论不够积极 如何解决：采取测试法，让学生意识到自己存在的问题与不足，或是树立竞争目标			

第四课时　量身定制——敢创造

教学对象	初二（3）班20人	任课教师	李玲慧
学情分析	初二（3）班的学生上课认真、态度积极，通过第三次课的学习，学生掌握了一定的上肢及核心力量训练方法，知道了制订训练方案的方法。本节巩固有人扶持的手倒立技术动作练习，分组制订个性化训练方案，通过方案训练增强上肢及躯干力量		
场地器材	体操垫20个、学生自带笔本、音响1个		

(续表)

教学对象	初二（3）班20人		任课教师	李玲慧
教学目标	运动能力：学生找出同伴存在的运动认知、技术动作或体能方面的问题，为其提供讲解、示范，制订个性化训练方案 健康行为：学生能够根据训练方案每周打卡不少于3次，培养学生终身体育意识与习惯 体育品德：通过打卡训练方案每周训练3次及以上，培养学生坚持不懈、超越自我的体育精神			
重点难点	重点：直臂顶肩、立腰展髋 难点：完成动作连贯、协调，建立倒立平衡		时间	强度
学习情境	任务一：课后练习效果检验 ①课堂常规；热身活动；②通过2人一组，交替进行比一比谁倒立时间更长比赛，检测课后练习效果		8分钟	中
	任务二：个性化训练方案研制 ①2人一组、交替进行，一个学生进行动作要领讲解及技术动作展示，另一个学生帮其找出存在的问题； ②针对同伴存在的问题为其制订个性化训练方案		15分钟	中大
	任务三：训练效果展示 ①根据个性化训练方案进行训练；②训练效果反馈及方案修改；③布置课后调查：手倒立可以应用在哪些动作或运动中？（下节课前可提问引入新课内容，提问方式：自愿+随机；④放松拉伸		15分钟	中
教学评价	评价标准：训练方案效果显著无须修改为优秀、训练效果一般需修改3点以下为良好、训练效果较差需修改5点以下为达标 评价方式：同学互评 反馈方法：档案袋—积分法			
应急预案	问题预测：学生对运动效果感知不明，评价不出来 如何解决：教师根据方案进行适当的提问，引导其体会训练效果			

第三节 中华武术旋风脚课堂教学示例
（一个单元、三个课时）

第一课时 武侠习武之路——旋风脚技能习练秘笈

教学对象	初二（1）班40人	任课教师	曹志成	
学情分析	教学对象为初二学生，精力充沛、好动、爱玩、好奇心强，任何事情总想亲自尝试，有一定的自觉性和独立完成动作的能力。同时，由于本年龄段学生个性突出，主观意识较强，但缺乏互相合作、共同探究意识。因此，结合该年龄段学生的生理、心理特点，充分发挥学生的主体作用，挖掘每个学生的潜在能力，培养合作能力，增强集体荣誉感			
场地器材	体操馆或武术馆、播放器			
教学目标	运动能力：学生能说出旋风脚的动作要领，能做出旋风脚动作，在3次展示中，能完成4个阶段要求为优秀，3个为良好，2个为合格（助跑、起跳、腾空里合腿和落地） 健康行为：学生在课上能认真遵守课堂规范，学习过程中没有出现不当行为；在课下能够坚持每周习练打卡不少于3次 体育品德：学生敢于面对技术动作的学习困难，坚持习练，不断克服困难，挑战自我			
重点难点	重点：助跑阶段上步时上下肢配合要协调，右脚扣脚时膝关节微屈 难点：腾空里合腿阶段，摆动腿的轨迹和时机		时间	强度
学习情境	任务一：集合整队 ①体委集合整队（学生自觉遵守课堂常规）；②师生问好（未曾习艺先习礼，未曾习武先习德）；③宣布教学目标及任务；④安排见习生		2分钟	小
	任务二：热身活动之报数组团 全体学生围成一个大圈开始小跑，听教师口令，教师会突然说3人一组，此时学生需要迅速找到2名队友方为成功，反之会受到相应的惩罚，如深蹲起（这个环节可扩大范围，如和他们穿一样颜色的衣服，是否戴眼镜等可起到大范围热身的效果）教师也可以说举起手，单脚跳，5人一组5点落地（手脚膝头，都算为1点）等		5分钟	中大

(续表)

教学对象	初二（1）班40人	任课教师	曹志成	
			时间	强度
学习情境	任务三：求学之路 通过杰出武术家叶问事迹及旋风脚使用导入，帮助学生树立学习榜样。引入求学之路的四个阶段：①助跑阶段。助跑阶段的动作由上步摆臂拧腰扣脚屈膝等动作组成。上步时上下肢配合要协调，右脚扣脚时，膝关节微屈，为起跳做准备，旋风脚的助跑步伐应适中，而速度变化节奏非常鲜明强烈，是一个缓、快、慢相融合的节奏。②起跳阶段。起跳的瞬间，双脚用力蹬地，以腰为轴，双手同时往左上方摆动，要求头正、颈直，有意识地保持一种向上的劲道。③腾空里合腿。身体离开地面后，右腿膝关节伸直，做里合腿摆动的轨迹呈扇形且贴近身体，当身体在空中旋转到270°时，右脚脚掌内扣与左手手掌在肩以上的位置座击响，动作声音响亮。④落地阶段。右腿与左手在空中做击响动作后，身体开始下落，根据对技术动作掌握的不同程度选择相应的落地方式，学生一开始可以击响后自然落地，双脚接触地面时，都是由前脚掌过渡到全脚掌		10分钟	中大
	任务四：修炼之路 分成4个学习小组，采用模仿练习、分解突出重点练习、降低难度练习		10分钟	大
	任务五：突破瓶颈 ●展示技术动作标准，描述技术动作要领 ●易犯错误动作分析：①起跳阶段，上体后仰，主要原因起跳高度不足或是为了完成空中的击响动作所致，应加强下肢力量练习；②腾空高度不足，主要是起跳动作不协调、腿部力量不足、腰腹力量不足所致，应加强原地的旋风脚起跳发力练习、上步扣脚练习、腿部和腰腹力量练习；③转速慢导致转体角度不够，主要原因是起跳时转腰不充分，训练时可多做左右的翻腰、轮臂翻腰等练习；④上下配合脱节，没有击响动作；主要原因是技术动作不协调、不连贯，要注重重复练习；⑤落地接马步不稳，主要原因是起跳用力过大，落地时下肢力量不足，要注重起跳用力和下肢力量练习 ●差异化运动干预：学生问题不同，干预方式不同，依据学生存在的问题进行分组，有针对性地进行动作规范的限制性、诱导性干预练习以及下肢力量、腰腹力量练习 ●个人或小组动作展示		13分钟	中小

（续表）

教学对象	初二（1）班40人	任课教师	曹志成
教学评价	每个小组都设有荣誉展板，上面有自己的名字和行为表现空白格，组长组织小组成员根据目标达成度进行自评，并做好分数统计，记入个人学习成绩档案袋		
应急预案	问题预测：学生可能会在练习时遇见困难，也可能会扭伤踝关节，还可能有学生消极训练或者不想练习 如何解决：不断给予鼓励，语言引导；随时配好云南白药等基础医疗设施；学生消极训练，要了解原因，及时调整教学计划，满足学生学习需要		

第二课时　武侠成长之路——旋风脚体能训练秘笈

教学对象	初二（1）班40人		任课教师	曹志成	
学情分析	通过第一节课的学习，学生基本掌握旋风脚的动作要领，并清楚自身存在的问题。本次课主要是通过体能练习，解决学生易犯错误动作				
场地器材	武术馆或体操馆、5千克杠铃片和10千克杠铃片、云梯、垫子和播放器				
教学目标	运动能力：学生通过下肢力量训练，杠铃片深蹲不少于20个为优秀，15个为良好，学生以小组为单位；云梯协调性练习后，时间减少10秒为优秀，7秒为良好。学生通过腰腹练习，平卧两头起数量突破15个为优秀，10个为良好；通过柔韧性练习，里合腿做到三直一扣、高度过肩部为优秀，二直一扣为良好 健康行为：在训练中遇到了问题或者瓶颈时，能及时的调整自己的心态 体育品德：在体能训练中，具有顽强的意志，积极克服无氧运动带来的肌肉酸疼，不断挑战自己的成绩，不少于2次				
重点难点	重点：体会每个体能动作的发力点、轨迹和时机 难点：无氧阶段肌肉酸痛感克服困难			时间	强度
学习情境	任务一：声东击西 4个小组A、B、C、D，设置A vs B，C vs D进行对抗游戏。面对面站立，尝试触碰对方的肩膀（同侧）得到一分，累计计分，比分落后的学生接受惩罚，如弓步跳10个、波比跳10个或是高抬腿20个等。在进攻的同时还要求躲闪，锻炼学生的灵敏、速度、反应等习武者必备素质。随后进行交换A vs C，B vs D，不同的对手，有着不同的进攻方式，让学生了解知己知彼方能百战百胜 背景音乐：《七剑战歌》，让学生身临其境			12分钟	中

(续表)

教学对象	初二（1）班40人		任课教师	曹志成	
				时间	强度
学习情境	任务二：修炼秘籍 旋风脚体能训练必经之路：①大幅提升下肢力量秘籍，负重5千克杠铃片或10千克杠铃片进行深蹲。②大幅提升协调速度秘籍，云梯进行行间开合跳，单脚开合跳，上下步。③大幅提升腰腹核心力量秘籍，在垫子上进行平卧两头起。④大幅提升柔韧性秘籍，压腿且踢腿。将学生分成4组，每组选择自己的修炼之地，每晋升一个阶段，4组同时交换 背景音乐：《相信自己》			12分钟	大
	任务三：用武之地 提出问题：爬楼梯时喘吗？你能提起多重的物品？洗澡时能够搓到背吗？体质健康测试哪些项目不达标 小组研讨：相互检验，帮助同学制订训练计划，并请教师指导完善 习练效果展示			16分钟	中
教学评价	每个小组都设有荣誉展板，上面有每个成员的名字和行为表现空白格，组长组织小组成员根据目标达程度进行自评，并做好分数统计，记入个人学习成绩档案袋				
应急预案	问题预测：有部分学生无法完成挑战任务，丧失信心 如何解决：规定每个无法完成挑战任务学生的个性化标准，挑战自己即为成功				

第三课时　武侠盛会——旋风脚技能展示与交流

教学对象	初二（1）班40人	任课教师	曹志成
学情分析	通过2节课的学习与课下习练，学生能够清楚地感受到自己在技能和体能上取得的进步，有效地提升了学生的自信心，有强烈的展示与交流的欲望。据此，本次课将举行武林盛会，为学生提供旋风脚学习效果展示与交流的平台		
场地器材	武术馆或体操馆、播放器		
教学目标	运动能力：学生敢于上擂台展示自己的学习成果，且能完成旋风脚360°为优秀，240°为良好。 健康行为：学生养成每周不少于3次的锻炼打卡习惯 体育品德：在旋风脚技能展示与交流中，表现出应有的礼节、自信、尊重、友善和诚实		

（续表）

教学对象	初二（1）班40人	任课教师	曹志成	
重点难点	重点：学生的体验正式展示中与平日练习的不同，不仅仅是展的动作，更是心理素质的体现 难点：塑造庄重、严谨的经验交流氛围		时间	强度
学习情境	任务一：武侠盛会 学生通过这段时间的修炼，实力都有较大的提升，接下来就是展示习练成果的时候了。以小组为单位，ABCD进行抽签，按抽签顺序出场。当第一组开始展示时，其余3组席地而坐进行观看，出场小组每人2次机会，由长老们（体育骨干）进行评分。助跑阶段2分、起跳阶段2分、腾空转体里合腿3分、落地接马步1分、动作协调连贯1分、转体角度达到360°1分。学生记录自己的分数，达到8分以上为优秀颁发证书和勇士勋章，7分为良好，5分以下为不当行为 举行颁奖仪式 背景音乐：《七剑战歌》《一代宗师》		20分钟	中
	任务二：经验交流 每位学生回到自己的小组内，席地而坐，教师发言：经过这段时间的学习与训练，各位同学的进步老师都看在眼里，为你们感到骄傲。接下来，同学们要学会自我评价与总结。分享这几节课所学、所思和所感，或者可以谈谈你对武术的理解，武术里又有哪些传统，习俗与礼仪（仁义礼智信，温良恭俭让）进行头脑风暴式的交流和探讨。如何运用所学，回归于生活，以及迁移创新 背景音乐：《永远同在》		20分钟	大
教学评价	每个小组都设有荣誉展板，上面有自己的名字和行为表现空白格，组长组织小组成员根据目标达程度进行自评，并做好分数统计，记个人学习成绩档案袋			
应急预案	问题预测：可能会有学生或小组反映评分不公平 如何解决：引入仲裁方式，允许学生申请仲裁			

第四节 篮球持球交叉步突破课堂教学示例
（一个单元、四个课时）

第一课时 知行统一——突破易

教学对象	初三（1）班40人；男生20人；女生20人	任课教师	张润晨
学情分析	据调查了解班内大部分男生对待篮球比赛富有激情，拥有自主打球意识，但缺乏正确篮球持球交叉步突破技术，导致篮球比赛得分受限，需要进行专项技术指导提升篮球比赛质量。女生对篮球热情不明显需要调动积极性提高运动参与		
场地器材	一块篮球场、40个篮球、8个标志桶		
教学目标	运动能力：学生能够说出持球交叉步突破的动作要领，解释每个动作环节，能够在一定时间内做出规范技术动作突破标志桶，完成规范技术动作并主动说出4个技术环节要领为优秀，3个为良好，2个为达标 体育品德：通过交叉步突破教学帮助学生理解篮球规则，持球突破中的中轴脚概念，遵守篮球规则，使用技术突破标志桶，帮助学生树立自信。鼓励班内有自主打球意识的学生力争做到最好，成为榜样，带动其他同学		
重点难点	重点：掌握持球交叉步突破动作的顺口溜 难点：做到顺口溜中要点，动作协调连贯		
学习情境	任务一：保护"鸡蛋"游戏导入，如何才能在游戏中获胜	时间	强度
	通过在一定区域内争夺、守护篮球，主要让篮球基础薄弱的学生体会突破面前防守人的感受与突破后获得奖励的感受，让篮球基础较好的学生带动其余同学的参与积极性，加大女生游戏获胜奖励，提高参与性，教师发现学生在游戏过程中突破防守的技术问题	10分钟	中
	任务二：观看教师完整技术动作示范，讲解篮球规则——何为走步 学生从侧面观看教师完整突破技术示范，根据教师的示范自我总结技术使用的要点和主要环节并借此记下后续技能练习与其所总结内容结合做到"知行统一"。教师示范错误犯规动作，结合讲解篮球规则走步概念	5分钟	小

149

（续表）

教学对象	初三（1）班40人；男生20人；女生20人	任课教师	张润晨	
学习情境	任务三：顺口溜结合技能完整习练 引导学生体会完整技术动作，结合顺口溜进入持球交叉步突破的无球、有球脚步练习，感受顺口溜中每字的要点与含义。教师带着自己的顺口溜（蹬跨转伸推，过人很easy）带领学生们结合自己总结要点进行慢速—常速练习，熟练技术环节		时间	强度
			12分钟	中大
	任务四：结合顺口溜进入完整有球练习，感受进步 从无球脚步到有球，结合每人所总结顺口溜在标志桶前做出完整技术动作过桶，每边设置2个桶作为防守人的"双脚"与最初游戏中自己突破技术所用时间变化，时间短速度快，突破有力能得分，并让学生反思总结自己技术进步的感受，记牢自己所总结的个性化"顺口溜"		13分钟	中大
教学评价	评价标准：学生在任务二、三中对于持球交叉步突破技术的四个动作环节解释清晰，总结到位，并结合顺口溜讲解完成示范，完整做出正确动作说出4个为优秀得3分，3个为良好得2分，2个为达标得1分，不走步也可加1分 评价方式：以优秀、良好、达标对应分值记录学习效果，本节课所得分数计入得分记录表中 反馈方法：课末统计得分，得4分跳起表示，3分站立表示，2分下蹲表示，1分原地坐			
应急预案	问题预测：学生不理解4个动作环节运用意义 如何解决：课下教师根据存在疑惑学生，配合多媒体结合篮球比赛视频以及示范讲解各环节存在的意义			

第二课时　互帮互助——进步快

教学对象	初三（1）班40人；男生20人；女生20人	任课教师	张润晨
学情分析	通过前一节课的技术学习，男生想提高技术使用的流畅性以及突破速度，女生想展示自己顺口溜结合动作完成度，班内学生出现相互比拼顺口溜记忆情况，但整体动作细节需要改进		
场地器材	一块篮球场、40个篮球、8个标志桶、1块秒表、若干标志盘		

(续表)

教学对象	初三（1）班40人；男生20人；女生20人	任课教师	张润晨	
教学目标	运动能力：学生利用记忆的顺口溜以及动作环节能够相互评价指正错误，有篮球经验的学生结合自身篮球经验评判其他同学技术动作环节的优缺点，帮助同学分析出1个错误动作，并进行指导改正为优秀；仅分析出1个错误动作，未指导改正为良好 健康行为：知道持球交叉步突破运用部分肌肉关节保护的相关安全知识，并且保持良好学习心态，在练习过程中能做出规范技术动作，结合自身情况预防运动损伤 体育品德：学习过程中互帮互助每个人至少点评1次，同学之间相互尊重，指导具有针对性			
重点难点	重点：结合自身已有知识帮助同学指导动作，相互帮助共同进步 难点：顺口溜中的各个环节的衔接，动作细节的掌握以及动作完成的流畅性			
学习情境	任务一："我当评委，你来做"导入，辅助传授专项运动理论 复习持球交叉步突破技术，挑选上节课得分较为靠后的学生先作为评委，教师辅助指点用力肌肉，帮助学生复习上节课技术所学以及顺口溜，让学生进行轮流评价，结合自己所学内容以及体育学科知识评价动作特点，总结正确动作要求		时间 8分钟	强度 中
	任务二：成立"相互帮扶"小组 相互评价结束，结合成立"相互帮扶"小组，两人一组，任务一中优秀掌握者与稍落后掌握者结伴成为小组，带动学习，结合自己所学指导落后同学技术动作，教师根据情况指导优秀学生技术动作，针对性提出更高要求，要求动作速度、动作细节		9分钟	小
	任务三：提高动作要求，强调动作细节 通过"相互帮扶"小组所有学生已初步掌握技术，接下来要对技术细节进行讲解，利用标志盘根据学生实际情况设置距离，要求学生做到刺探短促有力能够到标志盘、蹬跨迅速有效能够卡住防守人（标志桶）外侧脚、推放球加速"球领人"超越对手		10分钟	中大

(续表)

教学对象	初三（1）班40人；男生20人；女生20人	任课教师	张润晨	
			时间	强度
学习情境	任务四：互帮助，提速度，记时间 提供完整技术展示时间，各个互助小组派出同学进行展示，引导其他小组相互评价，结合所学技术要点、细节对同学技术进行诊断，找出问题，带着问题回到小组，反馈学习。从底线出发全场连续突破4次，提高突破速度，教师记录学生突破时间		13分钟	中大
教学评价	评价标准：在任务二中，准确分析出同学问题并帮助其改正者为优秀得3分，指出问题为良好得2分。任务四中，派出学生能够完整流畅展现技术动作，每次动作完成在2秒内为优秀，2~3秒内为良好，3~4秒内完成为达标 评价方式：教师根据评价标准，给予各个学生本节课相对应分值并计入积分表。互助组内成员相互认可指点与改进情况，2人均为优秀各加1分。记录任务四中每名学生每次突破所用时间 反馈方法：师生同评，各个小组学生代表展示学习成果，参与他组评价，由组长带回改进信息，指导组内同学学习，带动全体同学记忆正确的动作和要点			
应急预案	问题预测：学生无法正确诊断出同学存在的问题 如何解决：教师进行信息提示，重复讲述4个环节动作要点，引导学生发现问题			

第三课时　赛练结合——强突破

教学对象	初三（1）班40人；男生20人；女生20人	任课教师	张润晨
学情分析	通过2节课的学习，学生们对持球交叉步突破技术动作基本规范，但动作完成度方面由于身体素质情况突破速度提升受限，学生想进一步提高突破速度，需要通过专项体能训练		
场地器材	1块秒表、米尺、粉笔、40个篮球、1块篮球场		
教学目标	运动能力：学生通过突破比赛、篮球比赛的竞赛形式，检验技术掌握程度，使学生能在比赛中提高自己突破速度，教师对比上节课记录突破时间，赛中表现提高3秒为优秀、2秒为良好、1秒为达标。通过自主设计体能练习并贯彻到底，提升身体素质 体育品德：通过比一比谁蹬出去的步子更大，谁运球突破速度更快关键能力活动，培养学生吃苦耐劳，坚强勇敢的意志品质。专项体能练习中表现出坚持练习不放松姿态，不断挑战自己的极限，突破自己上次练习次数不少于2次，克服肌肉酸痛坚持完成练习		

（续表）

教学对象	初三（1）班40人；男生20人；女生20人	任课教师	张润晨	
重点 难点	重点：完整技术在比赛中的运用，以及自主设计体能练习手段并高质量完成，强化突破技术 难点：比赛中不同情境的技术使用情况以及身体训练过程中的拼搏意志			
学习 情境	任务一：导入"比一比谁跨得远"比赛，分析突破速度重要性 规定统一起点，男女均匀比例分配分组，分成5组，进行蹬跨比赛，观察学生蹬地发力的力量表现，就力量表现情况解释突破速度的重要性，突出表现优异学生的下肢力量，带动其他同学课下积极练习兴趣	时间	强度	
		7分钟	中	
	任务二：突破熟练，比速度 再次进行上节课最后教学内容，通过比赛，检验课下练习程度。教师计时，从场地一端连续左右突破4次到达对面端线的时间。学生对自己所用时间进行自我比较，对比上节课保留的时间记录，检查自己是否进步，自我反思未进步的原因，提高技能理解，组内讨论应用中存在的问题	10分钟	中	
	任务三：持球突破为主题的教学比赛 异质分组（2男1女，按积分均匀分组）进行教学比赛，每队实力由教师对比上一任务成绩均匀分配。场地两侧同时进行，半场3对3，进攻方式由持球突破上篮终结的计分，其余进球方式本节课不计入成绩，鼓励学生运用所学技术进入实战。其余见习学生配合教师进行裁判工作	10分钟	中大	
	任务四：专项体能练习 重点针对下肢爆发力以及核心稳定性设计训练，共包含4个训练，教师设计2个（举球弓箭步加侧弓步、抱球俄罗斯转体），剩余两个由学生当场设计，贴此技术应用场景、肌肉工作模式结合自己经历以及之前课程内容设计训练动作，班内学生一同完成练习，但男女生完成数量要求不同。最后，放松拉伸	13分钟	中大	

(续表)

教学对象	初三（1）班40人；男生20人；女生20人	任课教师	张润晨
教学评价	评价标准：学生在任务一中跨步比赛成绩有所进步，提升10厘米为优秀、8厘米为良好、5厘米为达标；在任务二中对比上节课记录成绩，提高3秒为优秀、2秒为良好、1秒为达标。专项体能练习设计能出2个动作为优秀，1个动作为良好 评价方式：总结一节课学生所得积分情况，以优秀、良好、达标对应分值记录学习效果，计入纸质记录积分表中 反馈方法：观察本节课各位学生获得分数的情况，结合各个任务学生完成情况，提出针对性建议，改善技术现状，鼓励学生课下进行自主练习，提高身体素质		
应急预案	问题预测：学生突破速度没有增加，反而降低 如何解决：理性分析问题，因为上节课有素质训练，可能因为力量训练的复期还未结束，运动表现有所降低		

第四课时　突破困难——勇者强

教学对象	初三（1）班40人；男生20人；女生20人	任课教师	张润晨
学情分析	通过3个课时的学习，班内学生已经熟练掌握持球交叉步突破技术，课下比赛能够做到刺探短促有力、蹬跨迅速、过人轻松的要点，但在面对生活中的一些问题时，表现出退缩的情绪，需要教师结合生活实际，创设技能使用情境，培养学生敢于面对困难、克服困难的勇气		
场地器材	1块篮球场、40个篮球、1块四阶跳箱、8个栏架、8张图纸		
教学目标	运动能力：使用身体、控制身体挑战最后一次课中各项情境任务，做出持球交叉步必备的下肢爆发动作，完成全部任务记优秀得3分，完成2个任务记良好得2分，完成1个任务记达标得1分 健康行为：通过多元情境创设，培养学生在面对困难时情绪的控制，运用身体协调性以及下肢爆发力挑战课程中困难设置的情境，引导学生克服课上困难，并延伸至克服生活上的困难 体育品德：挑战不可能的任务，领悟勇于挑战自我、坚持不懈的意志品质		

（续表）

教学对象	初三（1）班40人；男生20人；女生20人	任课教师	张润晨	
重点难点	重点：使用所学技术，身体素质挑战课堂创设情境，彰显卓越运动表现 难点：勇于挑战高度、难度、不同情境的勇气，以及"突破"自己的决心			
学习情境	任务一：挑战高度，突破自己 利用四阶跳箱，创设高度挑战，设置两轮参与，找到并记录每个学生的瓶颈高度，在下一轮中引导学生挑战自我，以此检验学生下肢爆发力以及身体协调性，鼓励学生挑战障碍，越过障碍	时间	强度	
		13分钟	中	
	任务二：压力大闯关 利用四个栏架，随意摆放，设计障碍挑战，在每个栏架上贴上一种"困难标志"如学业压力、生存压力等，鼓励学生挑战种种压力，学生运用突破技术挑战每个栏架，让学生明白持球交叉步突破不仅仅是篮球场上突破，也可以是生活中种种困难的突破	13分钟	中	
	任务三：不一样的突破，突破生活 持球突破教会学生面对难题，要有耐心做完前部分技术动作，自己创造空间，一刹那完成突破。联系生活中的升学考试，之前的复习学习都是为了面对难题做足准备（突破中表现在假动作虚晃，为真突破做铺垫），考试开始的那一刻就开始突破这个"难题"超越自己	15分钟	中大	
教学评价	评价标准：学生在每项任务中的表现，成功挑战三项任务者为优秀得3分，挑战成功两项任务者为良好得2分，挑战成功1项任务者为达标得1分 评价方式：通过任务奖励得分计入每位学生积分记录表，课程最后进行评比汇总 反馈方法：观察各个学生在三项任务中的表现，对挑战成功学生主要进行技能延伸生活思想教育，对挑战失败学生主要进行心理疏导、技能再强化，鼓励教育，鼓励多次尝试			
应急预案	问题预测：有部分学生无法完成挑战任务，丧失信心 如何解决：规定每个无法完成挑战任务学生的个性化标准，挑战自己即为成功			

第十章 体育课堂教学说课设计

目前,说课已经在师范生技能比赛、教师资格认证考试、教师职业技能竞赛、教师招聘,以及教师教研活动中作为重要的衡量标准之一被广泛应用。那么,究竟什么才是说课?常见的试讲、微课、模拟授课又与说课有什么区别?如何制定一套完整的说课流程?为了系统地回答这些问题,我们将多年来的理论研究成果与实践经验积累相结合,试图找到切实可行的体育说课设计与实施的方式、方法。

第一节 体育说课概述

1987年6月底,在该学期全部课程已结束的背景下,为选取部分教师参加"教坛新秀"评比大赛,河南省新乡市红旗区教研室有人提出,挑选教师讲述其负责课程的教学设计,以此来替代传统听课模式。在评比开展后,教研室一致认为该方法除了具有易实施、高效率等特点,还能够客观、真实地反映出教师的知识水平和实践教学能力。于是便借鉴戏剧界导演给演员"说戏"这一行为,将这种新型教研活动命名为"说课"[1]。自说课出现至今已有将近四十年的发展历程,作为一种教研创新活动,说课本质上是介于教师备课与讲课之间的一种交流形式。它不仅能够提高教师对于教学理论的认知深度、增强教师对于教法学法的理解,在促进教育行业资源共享方面也起到了一定的作用。从这一角度出发,说课为促进教师群体的发展做出了巨大的贡献。

---

[1] 王南童.说课纳入学校体育学教材体系的研究[J].体育学刊,2010(8):60-63.

一、体育说课的内涵

（一）说课

说课省去了传统上课时所需要的场地、器材以及部分冗杂的过程。过程上的简易性与时间上的高效性使其受到越来越多教育从业者的关注与追捧。众多教师与学者也对其有了更加明确、清晰的定义，部分定义详见表10-1。

表10-1 国内学者对于说课的定义

学者	时间	关于说课的定义
刘芳	2017	所谓说课，是教师以语言为载体，在备课的基础上，对同行、专家或评委系统而概括地阐述自己的教学观点、表达教学设想及其理论依据的一种教学行为[1]
钟丽华	2016	一般认为，说课是教师针对某一课程或某一具体课题，向专家或同行讲述教学设计的依据、教学目标、教学思路、教学内容、教学方法、评价方法等内容，然后由听者点评的一种教学研究活动[2]
金萍	2016	说课是指教师在授课之前或授课之后，面对同行或教学研究人员系统地谈自己的教学设计及理论依据，口头表述一节课或某一教学主题的教学设想，由听者评析，以便相互交流、共同提高的一种教研活动[3]
张春武 范汝清 王文丽	2010	说课是一种提高教师课堂教学效果，体现课堂教学素质的教学研究活动和师资培训形式，是教师在充分备课的基础上，面对同事、专家等，就课堂教学内容、教学目的、教学任务进行分析说明的一种教学交流方式。通常是教师把授课内容、来源、性质、地位、作用和课后学生应掌握的基本知识和技能、过程方法以及应达到的情感态度、价值观进行分析说明，体现任课教师的基本教学理念、教学模式等[4]

---

[1] 刘芳."说课"的现状分析和创新操作——以小学数学学科为例[J].中小学教师培训,2017（3）:24.
[2] 钟丽华.说课:引导学生走入新课程[J].中国成人教育,2016（15）:103-106.
[3] 金萍.说课:教师专业发展的有效路径[J].中小学教师培训,2016（7）:12-15.
[4] 张春武,范汝清,王文丽."说课"与高校青年体育教师职业素质的再提高[J].教育与职业,2010（17）:50-51.

(续表)

学者	时间	关于说课的定义
王媛 雷玲	2009	说课是融教学设计、教学、评课于一体，把教学课前的设计、设计方案的实施，以及课后评价等诸多教学环节有机地整合起来，在一定意义上也找到了教学理论和教学实践有机结合点，找到了教学中关键要素（教学设计、课堂教学、教学评价）的有机结合点[1]

尽管以上定义是从不同角度来阐释说课的内涵，但还是可以从中发现某些共同点，即说课是指为了提升教师课堂教学实施效果，或是检验教师职业技能水平，要求教师以口头表述的形式，向同行或专家介绍一节课的设计理念、思路、目标、内容、方法与评价等要素而开展的一种教研或评比活动。依据说课目的不同，其表现形式也有区别。

1. 传统说课

传统说课一般是指教师针对同事、教学专家，以教育理论为指导，用语言表述自己的课堂教学设计。主要讲述内容有教材分析、学情分析、教学目标、教学过程、教学方法、教学评价等。全程表现为教师单边活动，基本无互动环节，时长在10~15分钟。传统说课的分类很多，但大都以竞赛、考核的方式出现，其目的在于展现教师的教学理论能力。

2. 试讲

试讲又称模拟课堂，是指在面对教育专家评审时，教师通过模拟面对学生授课的氛围来进行教学设计展示。试讲的表现形式与实际教学相似，但课程时间由45分钟压缩至10~15分钟。为了保证课堂效果，避免教师"独角戏"的情况出现，还需要在试讲过程中设置提问环节，模拟实际教学中师生互动的情况。从该角度来看，试讲其实是一种师生双边活动，其目的在于展现教师实际教学中的课堂表现以及教学实施过程中的运筹能力[2]。

---

[1] 王媛，雷玲. 高校体育师范生说课——微格强化训练的实践探索[J]. 成都体育学院学报，2009（2）：92-94.

[2] 于国海. 说教课堂的价值与实践[J]. 教学与管理，2018（22）：30-32.

3. 微课

微课是指时间在10分钟以内、具有明确的教学目标、集中说明一个问题的小型课程[1]。微课的诞生伴随信息技术的高速发展，所以通常在制作微课时，教师会利用智能终端设备作为载体进行内容展示。相比较传统的说课与试讲，微课对于多媒体有着更高的依赖性。另外，微课要求教师在短暂的时间内，以结构化的形式呈现教学重点，更多地针对某一知识点或者某一环节进行设计。而传统说课与试讲则更加注重教学设计的整体性与连贯性，设计内容上的不同决定了微课制作目的的不同。

（二）体育说课

"说"是教师的语言活动，而"课"则是知识的一种传递方式。教师通过语言活动来对知识内容进行拆分详解，将知识内容及其教学方式展现出来，这就是说课的基本内容。体育说课与说课的基本内容一致，但由于体育学科的特殊性，所以除了阐述理论层面的内容外，体育说课还需要将具体实践操作的内容进行文字化描述。相较于其他学科只需要考虑如何进行教与学的问题，体育课特有的身体实践性要求体育教师更加熟悉学情部分的内容。在进行课程设计时所采取的教学设计必须符合学生生长发育规律，即为什么要这样进行教与学。同时也要尽可能地考虑体育课对学生生理、心理发展的促进作用，即这样教与学对学生身心发展有何帮助。

综上所述，体育说课的特点要求教师在说课时，必须清楚阐述出选取每一种教学设计背后的原因。但在实践过程中，不少新入职的体育教师在说课时无法对这类问题给出合适的解答，也就是说教师无法深度理解课程内容。只有对课程内容的理解由了解内容上升到灵活变通内容的程度，教师才能在说课过程中有清晰的语言讲解。所以在体育说课时，教师更应当注重讲解"为什么"。对自己设置的课程内容进行提问并解答，如"这节课我采用了竞赛法与领会教学法，采用这种方法的原因是……"而不是如蜻蜓点水一般一笔带过，不谈理解，不谈依据，仅凭架空实际来进行教学设计[2]。

---

[1] 黎加厚.微课的含义与发展[J].中小学信息技术，2013（4）：10-12.
[2] 王华倬.教育现代化背景下体育教学理论与方法[M].北京：北京体育大学出版社，2018.

另外，在说课前也该慎重考虑虚实结合，什么是虚实结合？理论作为看不见、摸不着的意识层面内容，为"虚"；而实践操作作为学生需要自身实际参与的行为，则为"实"。体育课程的核心价值是健身育人，即以身体运动为基本手段促进学生全面发展。所以，在体育说课时，不能只讲思路、理念，对于学生学什么、怎么学、学了有什么用等实际问题更要进行详细阐述。让听课者能够对于实际上课的画面产生联想，判断出这样设计能否切实可行，脱离纸面的教育活动能否顺利开展。只有做到虚实结合、统筹兼顾，才真正体现出体育说课不同于其他学科的特殊性。

（三）体育说课的特征

1. 明确重难点权重取舍

在对体育说课的内容进行分析之后不难发现，体育说课并非讲理论。说课是教师在对自身教学设计进行深入理解后所作出的一个系统性表述，而不是通过背诵稿件就能完美呈现的。通常在教学活动与比赛中，说课的时间会在10~15分钟。相比完整的45分钟课程，教师需要在1/3的时间内，使听者理解其教学内容的设计原理。那么这就要求教师在说课时有所取舍，着重讲解"教什么""怎样教""为何这样教"，而不是抓住实践活动过程做详细说明。缺乏重点不仅给人以浮于表面的感觉，还会导致说课的质量与评价受到影响。

2. 内容设计切实可行

体育说课需要考虑的不仅仅是教师自身的讲解能力，学情、场地环境与教学内容的关系等也同样重要。教师从教材出发，受现实环境影响，需要将理念转为实际操作。而只有选用最合适的内容，最恰当的语言，才能将说课效果最大化。如夸大内容过多会使说课远离实际，导致最终的教学设计无法实施，缺乏实际意义。

3. 理论性要鲜明突出

说课是为了将教案上无法详细说明的内容，通过教师的语言表达完整展现出来。在教师描述自己设计过程中的思维活动时，必须要经历由感性认识到理性认识的变化，才能够更好地理解教学原理。另外，在教师说课的过程中，理论依据的充足也能引起讨论，从而提高教师群体的理论水平。

二、体育说课的类型

在教学活动中，通常会根据说课的目的与时间将说课形式进行分类。其中，又以说课目的作为分类标准的类型最为常见[1]，具体如下：

（一）示范型说课

以提供优秀说课的范例为主，为相同专业教师提供经验交流的机会。一般选择素质较高的中老年教师进行示范性说课，既能起到推广说课经验与规范说课方法的作用，又能为教师提供范例，提高说课的整体水平。部分示范型说课还要将说课内容与实际课堂教学结合进行公开展示。由听课教师或教研人员进行观摩，对教师的说课内容以及课堂教学作出评价。示范性说课一般一学期举行一次，等级多样。这是培养青年教师的重要途径之一。

（二）评比型说课

评比型说课也称评价型说课、考核型说课或比赛型说课等，主要是指教师在限定的时间内，按照指定的教材与题目完成说课，最终进行答辩，由评委评出比赛名次或等级。与示范性说课相同，有时评委还要求教师将说课内容付诸课堂实践，通过课堂实效来评价说课质量，最后决定比赛名次。但不同的是，评比型说课主要以评价教师说课水平为目的，是培养骨干教师的有效途径。

（三）检查型说课

检查型说课是指教师按照规定的教材、时间和要求，向教育行政领导、教育科研人员和专家学者等汇报自己的教学设计，听课者根据教师的表现进行评议，给出改进意见。一般采用领导点名或轮流报告的方法确定人选，主要用于了解教师的备课情况、说课水平等专业教学能力。

---

[1] 周正弘.体育说课理论研究[M].第二版.成都：西南财经大学出版社，2015.

（四）交流型说课

在说课之后，针对课程设计存在的问题进行探索性研讨，这种形式被称为交流型说课。既可以长篇大论，也可以三言两语重点说明，对于时间的把控不如其他形式严格。在进行交流型说课时，首先要明确说课所要研讨解决的主要问题，其次要紧紧围绕核心议题进行讨论，调动参与者的积极发言。在争论中找到说课存在的问题，帮助教师进一步掌握说课的规律及方法，提高说课的水平和质量。

（五）教研型说课

教研型说课一般是指以学校教研组或年级备课组为单位，先进行集体备课，再从中挑选教师进行说课，经由教研组团队评议修改后，不断丰富完善备课内容的说课形式。教研型说课一般每周开展一次，说课教师不固定，教研组或年级组里的教师可以进行轮流说课。这一说课形式是大面积提高教师的业务素质的有效途径。

三、体育说课的意义

体育说课是一种集评价和创新功能于一体，简约方便的教研活动。它既能够集中表达体育教师对于教学设计的理念、思路，又将体育教学理论与运动实践相结合。所以，无论是对经验丰富的老教师，还是即将接触教育行业的体育师范生，体育说课都有一定的意义。

（一）体育说课对体育师范生的意义

1. 提升体育师范生的理论水平

说课的重要意义在于让教师明白课程设计背后的原理。体育师范生作为教师后备人群，往往存在重术科、轻理论的意识。而多年来的实践表明，说课以及相关训练能够调动体育师范生学习教育理论的积极性，有效提高体育师范生的理论水平和运用理论解决问题的能力。

2. 提高体育师范生的教学水平

体育师范生因为缺乏教学经验，所以在备课中经常忽视两个问题，即为学生的需要而设计、为学生的需要而实施。在设计教学目标、教学过程、选择教学内容与教学方法时，都必须围绕学生的实际需求进行考虑。而说课训练可以利用说课本身的特征，帮助体育师范生解决理论与实际教学相脱节的问题，同时也为他们提供了主动适应教学的实践机会。

3. 强化体育师范生的成功体验

师范生在从学校毕业之前，所能够获取的教育经历有限。这就导致大部分师范生在经历自身角色由学生转为教师的过程中可能产生恐惧心理。说课训练可以使他们在展示自身的同时，提前适应教师的角色，加强对教学流程的熟悉程度，在不断的成功中树立自信，激发体育师范生的教学兴趣，以此达到相辅相成的效果[1]。

（二）体育说课对在职体育教师的意义

1. 缔造和谐的教研环境

说课的出现，改变了教师独自备课的情况。通过组织说课活动，教师逐渐学会利用集体的智慧发现问题、改正问题。在这种积极研讨的环境下，每一位教师都会愿意提出自己的想法，促使更多的教师能够清楚地认识自己、反省自己。可见，和谐的教研环境有利于教师行业更好地发展。

2. 促进教师专业化发展

教师的专业化发展主要靠的是教师自身的成长与专业结构的变化。其中大部分都能通过体育说课来体现，如教师的知识储备、教学能力、教育观念与对待专业的态度等。短短的十几分钟说课，要求教师立足实践，展现自身知识底蕴与逻辑思维的同时又不失个人风采。既要深刻理解教材，又要通过课外学习来为自己的说课提供理论支撑。可以说，说课的出现促进了教师的自我学习，让广大教师重新坚定了终身学习的信念。

---

[1] 赵建明，张亚琪.对体育教学中说课的探讨[J].教育与职业，2007（30）：139-140.

3. 促进教师掌握新课标

为了说好课，教师就必须熟悉新课标，全面掌握新课标中的内容、要求以及实施建议，厘清相关知识、技能、体能、技战术的结构关系，明确讲授内容在新课标中的地位。同时还要阅读相关教学资料，以便加深对于新课标的理解，从而更加准确地制定教学目标，选择教学内容和教学方法。

4. 加强教师的自我反思

教学反思是指教师对课堂教学实践活动的设计进行审视，总结自身的得与失，在反复的订正下不断进步的一个过程。而说课便是教师进行自我审视的一种行为活动。在说课中，教师需要不断对自己的课程进行思考，其中一些对于细节的考虑也许会引起教师的深度思考，而反思的意义就在于弥补原有教学中所存在的遗憾。因此，说课能够促使教师在思考中发现问题，更好地找到教学规律并加以理解，促进新思想的形成。

5. 便于开展教师教学评价

说课因为拥有展现教师基本素质的特性而被众多学校重视。除了被用来推进传统课堂教学改革之外，说课也会被当作评价教师水平的常用手段之一。目前很多地方的教育部门与学校已经将说课作为招聘教师或教师素质评价的重要考核标准，既节省了时间与精力，又能够清晰地了解教师的教学水平，为选拔优秀教师提供了新的方法。

第二节 体育说课设计

关于说课包括哪些内容，可谓是众说纷纭，有"四说""六说"，甚至"十二说"的观点。虽然"说"的内容越多，所照顾到的内容会就会越全面，但在短时间内不断增加内容密度，有可能导致说课教师顾此失彼。所以一般来说，说课或说课稿主要包括教材分析、学情分析、教学目标、教学过程、教学方法和教学评价几方面的内容。而在体育说课中，绝大部分的体育课程需要进行实践操作，所以在体育说课的设计上，不能与其他学科完全一样，否则便会失去体育课程有身体参与性的特殊意义。

一、体育说课设计的原则

（一）科学性原则

所谓的科学性原则，指的就是教材分析、学情分析、教学目标、教学过程、教学方法、教学评价等一系列要素必须是科学有效的。具体来说，体育说课的教学目的必须符合运动能力、健康行为以及体育品德的教学目标；教师设计的教法、运动技能干预方法必须是有效的，避免学生出现运动损伤等情况；并且内容的选择需要在符合学科特点的同时有利于学生日后的发展，不应当是单纯为了完成教学任务而设计。

（二）理论联系实际原则

理论联系实际原则是指说课既要利用理论去分析实际，又要通过实际去验证理论。在进行教学设计时，教师要尽量将自己的每一个教法上升到理论高度，并确保在进行实践操作时可以经得起考验。体育教学过程中，教师的教学设计若与实践脱轨，非但无法完成初始教学目标，还有可能因学生对于技能动作的理解不当而增加损伤隐患。所以在说课时，体育教师需要将自己所构想的理论与体育实践教学进行有机结合，做到理论与实践的高度统一。

（三）时效性原则

说课的目的就是在短时间内引起大家的讨论，对教师的教学思想、教学能力进行审查或评议，以此改进课堂教学质量，提升教学效率。所以，为了保证说课目的顺利达成，教师必须真实地反映自己的思想，为什么这样做，怎么做，明知有缺陷也要坦然讲出，这样才能引起听者的思考，得到最真实的反馈。如果说课教师无法及时得到真实有效的反馈，那么在正式的教学实施后，说课就成了徒有虚表的无用功。

（四）灵活性原则

在说课过程中，教师可以根据具体情况进行详要安排。说课的顺序无须强求一律，形式也可因内容而变化。如借助多媒体进行展示，填补言语遗漏的同时也能起到增强说课效果的作用[1]。灵活的说课安排能够从侧面体现出教师对于课程内容的熟悉程度，同时也能够在不同部分更好地融入教师个人特色，展现教师个人风采。

（五）科研性原则

为了引起听者的讨论，体育教师在备课时必须把握体育教学理论，揭示出教学内容的客观规律性，让听者知其然，更知其所以然[2]。从而让听者为这次说课进行科学合理的评价，达到促进体育教学科研、提高体育教学质量的目的。

（六）创新性原则

在某种程度上，说课其实也是集体备课的一种形式。在说课活动中，一方面，教师要立足于自己的特长与教学风格；另一方面，要大胆假设，集思广益，以此来为众人创造共同研究的良好机会，为探索出新的教学思路与方法做进一步的研究。以此来不断提高教师水平，提高教学质量，发现问题并解决问题，在为教学注入活力的同时，也促进着说课活动的不断发展。

二、体育说课层次解析

根据体育说课的进程，可以把说课分为四个层次，即创设层、展现层、理论层和时效层[2]。

（一）创设层

体育说课中的创设层，指的是整个"说课"过程的设计、准备和创新的阶段。体育教师必须在说课前加强自身对于实践创新的认识，保证自身在说课时能够系统地阐述自己的想法，而不是简单地照搬备课过程。所以在创设层面上

---

[1] 赵云书.高师体育专业学生职前"说课"技能培养研究[J].体育科技文献通报，2008（10）：5-6，20.
[2] 李长占.体育说课理论与实践探索[D].曲阜：曲阜师范大学，2011.

体育教师要考虑以下问题：①要考虑说课的目的和实际教学的条件，为说课活动制定可行性分析报告；②要考虑说课的对象，有针对性地设计说课内容；③要提前研究新课标和自己选定课程内容的基本结构，排查说课时可能面临的问题；④要提前安排合理的说课步骤，注意说课的重难点以及具体的时间分配。

（二）展现层

体育说课中的展现层，指的是教师利用口头语言或媒体展示说课内容的阶段。说课其实就是通过口头语言配合简单的肢体语言，将教师的隐性思维转化为显性思维的过程。而这些经过转化的内容就由教材分析、学情分析、教学目标、教学过程、教学方法和教学评价等方面来体现。所以在展示层上，体育教师要注意以下过程：①避免照本宣科，在说课的过程中必须遵循科学性原则、理论联系实际原则以及时效性原则，证明自己的体育教学设计是可操作的；②化繁为简，将烦琐的备课过程转化为简洁的备课思路，保证条理清晰、简洁；③增强自身说课的艺术性，加强语言技巧的运用，增强信息传达的效果。

（三）理论层

体育说课的理论层是用体育教学中的诸多基础理论分析论证说课的阶段。这个过程是教师由感性认识上升到理性认识的过程，说课的重点是说理、解析、阐释，要想体现理论的深度，则需要注意以下内容：①研究体育理论基础，如体育学、生理学、教育学、心理学等内容；②理论内容必须考虑实际情况，并充分体现在教学实践环节中；③确保自己对于所选择的理论依据有充分理解，能够用语言清楚地表述给听者。

（四）时效层

体育说课的时效层是指说课教师与听者之间进行信息交流反馈的阶段。在这个层面上体育教师需要注意：①营造浓厚的学术氛围，保证交流内容的专业性；②充分发挥不同群体之间的互补性和对照性，使听者可以在说课中找到借鉴之处进行对比，同时也要注意从听者的反馈中积极总结，对自身的教学水平进行诊断，找出不足及时矫正。

三、体育说课内容设计

很多教师在编写说课稿和教案时难以区分两者的差别。实际上，大部分教案是教师为了在教学过程中提醒自己不要偏离主题、漏讲内容而写给自己看的，更像是一张"备忘录"，详略都由教师自己把握；说课稿则是让别人听、让别人看，更像是将说课的语言记录下来。通常采用第一人称"我"，讲述"我"会如何来上这节课，"我"为什么这样进行教学设计。教案则不必包含"为什么"，只需要简单写出"是什么"就可以。

通过对比可以看出，说课稿的目的是讲给别人听，请别人对自己的教学设计提出修改意见或者是做出评价，之后再通过讨论引起教师自身的思考与反思。在设计说课的过程中，教师也会在分析教材、学情等方面重新审视自己的教学，发现问题，解决问题。合格的教师在进行课堂设计时必须做到"知其然，并知其所以然"，并且让别人也清楚自己的课程是理性的，而不是仅凭经验盲目设计的。

（一）教材分析

教材是教学的重要依据。体育教师应在了解教材的基础上找准教材的重难点并加以分析。因为体育课独有的身体实践性，技术动作的重难点通常也就是课程的重难点。当教师把握住教材后，就可以进入教学分析阶段。如在进行排球自传球教学时，教师可以将知识点分解为手型、击球点和发力三部分。在这种连续性动作的教学中，先将技术环节进行分解，再根据教材的解析和教师对学生的了解程度，预测每一次课的重难点。根据教师自身的意图，也可以自行决定是否将重难点作为单独部分列举出来，但若严格按照教学要素层次有序制定内容，教材的重难点仍然是放入教材分析部分比较合理。

（二）学情分析

在体育说课中，学生的主导地位需要比其他科目体现得更加明显。学生的运动能力、心理特点、基本技能掌握情况等内容，都需要在说课稿中讲述清楚。课程内容的设计都必须遵照生理学、心理学、教育学等专业领域的理论基础来进行分析。例如，排球初学者传球时控制不好出球方向、击球时发力点错误导致手臂疼痛等可能出现的问题，都需要教师提前制订教学对策。学生在不同阶段的技能掌握程度、心理变化都不同，如何针对变化制订相应对策都需要体育教师提前了解[1]。不仅如此，由于体育课可能出现的"突发情况"较多，所以相关问题也要提前想好解决措施。如学生自控能力差，不愿参加集体活动；学生自主意识过强，在团队合作中不积极配合等，都要在说课稿中进行分析。

（三）教学目标

教学目标可以说是整个体育说课中的"灵魂"。当教师设定好本节课的教学目标后，说课的全部安排便需要围绕目标设计。在体育课中设立的目标不仅要牢牢贴合教学内容，还要考虑能否准确评价学生的学习成果。通常在分析学情之后，便可制订教学目标，包括运动能力、健康行为和体育品德。运动能力是在技术动作的系统学习后，学生的某一项运动技能能够提高到何种程度；健康行为则是帮助学生加强对体育的认知能力以及对体育知识的掌握，培养学生正确的体育意识；而体育品德一般蕴含在教学过程当中，如通过团队合作领悟到团结进取、坚持不懈的精神，为达到目标不断克服困难的精神等。

（四）教学过程

体育教师在进行说课稿撰写时，要着重说出教学过程各部分的划分依据，如各部分教学内容、教学组织、时间分配以及体育课所特有的练习密度、学生心率预测等。由于体育实践课程中，教学设计内容较多，所以在设计教学过程时，必须逻辑性地表述整体教学过程安排进行，无论在何种阶段、采用了何种教学设计，都必须给人以循序渐进的感觉，且一定要保持过程的连贯性。如"我"在排球固定球练习中会给予每个学生一张笑脸贴纸，当其同伴做得正确时，就将笑脸贴在同伴的手臂上，既能鼓励同伴积极克服练习时的疼痛与疲劳，又能提醒同伴动作做得十分正确。一节课的所有设计，都是为了促使学生达到教学目标。体育课的教学设计要保证趣味性，但不能只要求趣味性。科学性与可行性也是教学设计能否正常实施的重要条件。

除此之外，部分体育课因为场地、器材、天气等条件的限制，需要的体育教学资源也会随之改变，这部分内容也需要在教学方案设计中进行阐述。一些

---

[1] 赵建明，张亚琪. 对体育教学中说课的探讨[J]. 教育与职业，2007（30）：139-140.

特殊的教学设计不易被听众所理解，但若能很好地进行讲述，也会成为说课稿中独具特色的一环。

（五）教学方法

在体育课中，教师用何种方法去引导，很大程度上决定了学生的学习效果如何。其他学科常以叙述法或是讨论法为主要教学方法，而体育课的教学内容安排不仅要基于学生的认知水平，更要对学生的运动能力有所要求。所以，体育说课在进行教学方法选择时，除需要学生自主聆听思考外，还需要让学生能够自主参与。如可以训练学生互帮互助精神的分组训练法、帮助学生展示自我的示范法；又如趣味性较强的体育游戏法、竞赛法，在玩乐的同时能够帮助学生迅速掌握动作技巧，既增强了学生的运动技能学习效率，又增强了学生的合作意识。所以，在选择教学方法时，教师也应当有多方面的考虑，除必要完成的教学目标外，也要考虑如何利用不同的教学方法促使学生多方面发展。

（六）教学评价

为了更好地掌握学情、了解教学目标的达成度。在设计说课稿时教师应当结合自己设定的教学目标制定评价标准。通过评价，可以清楚看到学生在学习的过程中，哪些能力得到了增长和增加的幅度。学生也可以通过评价，得到来自教师的即时反馈，知晓自己在学习过程中的不足之处。并且在完成评价任务时，健康行为与体育品德的掌握程度也会通过学生的一言一行来体现。所以，评价是判断和评估教师教学效果一种不可或缺的手段。

（七）课后反思

教师在备课过程中需要对本节课设置的教学内容与练习强度进行预测，如平均心率、运动负荷等。哪些内容能够完成、哪些内容完成起来难度较大、学生是否能够达到教学目标、练习内容是否科学等，教师必须做到心中有数。同时对课程中可能出现的问题做出预案，并提出相应的补救措施。

第三节　体育说课示例

案例1　《常见运动损伤及处理》说课稿

一、指导思想

新课程以"健康第一"为指导思想，充分调动学生学习的积极性。教学中不仅要使学生掌握运动技能技巧，更重要的是培养学生终生热爱体育的习惯和科学健身的能力；授课中坚持以学生为主体，以教师为主导，以练习为主线，以领悟为目的的教学原则。使学生领悟"我运动，我健康，我成长，我快乐"的体育精神。

二、教材分析

本节课运动损伤的预防和处理正是把学生的"健康"放在首位，面对水平三的学生，掌握和运用本教材的思想和方法，能进一步提高安全意识，使我们的体育运动更加有声有色。对于终身体育意识的培养起到了不可低估的作用。

重点：运动损伤的预防与处理。

难点：常见运动损伤的处理方法。

三、学情分析

小学生活泼好动，好于模仿，乐于冒险，对体育活动兴趣浓厚，然而对安全运动的常识了解有限，而且小学生的骨骼正处于生长期，弹性较差，易于损伤。了解运动损伤的预防和处理方法对学生来说可谓终身受益。

四、教学方法

直观教学法、讲授法、演示法。

五、教学目标

1. 健康行为

知道擦伤、扭伤、韧带拉伤和休克发生的原因，能够用简洁的语言描述预防运动损伤的基本常识。

2. 运动能力

学会擦伤、扭伤、韧带拉伤和休克的简易处理方法，并能够利用纱布、毛巾、自制冰袋、常用碘伏、棉棒等对虚拟损伤部位进行处理。

3. 体育品德

通过小组活动的形式促使学生形成团队合作意识，并在成功中提升学生对学习体育知识的兴趣。

六、教学过程

根据"兴趣是最好的老师，好奇是学习的动力"及学生生理心理的特点，让学生在积极参与和反复练习的过程中将运动技能的学习与健康教育专题的学习结合起来。

（一）问题导入

同学们，大家一定喜欢上体育课并且经常参加体育活动。在体育运动中是否受过伤？受伤之后你们是怎样护理及处理的？想一想运动中你们为什么会受伤？那么我们今天就来学习一下运动损伤产生的原因及如何处理运动损伤。

（二）设疑引思，指导学生阅读材料

提出"运动损伤产生的原因是什么？""处理运动损伤的措施有哪些？"这两个问题。让学生到课文中去找答案，教师进行提问指导。

①认识不足，措施不当。

②不良的心理状态。

③体育基础差、身体素质弱，或动作要领掌握不正确，一时不能适应体育活动的需要，或力量不足，就容易发生损伤事故。

④不良的气候变化。

⑤组织纪律混乱和违反活动规定也是造成伤害事故的原因。

（三）运动损伤的预防

①学习运动创伤的预防知识，克服麻痹思想。

②遵守纪律，听从指挥，做好组织工作，采取必要的安全措施，如检查运动场地和器材，穿着合适的服装与鞋子。

③在激烈运动和比赛前都要做好准备活动。

④要根据自己的情况选择活动内容，适当控制运动量。

⑤掌握运动要领，加强保护和帮助。

⑥加强医务监督，提高自我保健意识。

（四）常见的运动损伤与处理

1. 擦伤

①轻度擦伤：伤口干净者一般只要涂上红药水或紫药水即可自愈。

②重度擦伤：如果伤口比较大，为防止感染，可用干净纱布包扎。如果出血严重，需先止血用绷带加压包扎或手指直接点压止血。

2. 扭伤

处理方法：立即停止运动，用冰袋冷敷，加压包扎，平躺，把受伤部位抬高。注意受伤当时不能用手去搓受伤部位，当天睡觉前只能用冷敷，隔一天后，可以适当贴膏药或用热毛巾热敷。

3. 韧带拉伤

处理：首先要休息，休息可避免更严重的伤痛。其次是冷敷，冷敷受伤的区域，每2小时至少冷敷10分钟，以减轻疼痛和肿胀。紧接着用弹性绷带包扎、压紧受伤部位、减轻肿胀。最后抬高受伤肢体，促使淤血从受伤处流出。

4. 休克处理

①平卧位，下肢应略抬高，以利于静脉血回流。如有呼吸困难可将头部和躯干稍微抬高，以利于呼吸。

②保持呼吸道通畅，尤其是休克伴昏迷者。

③及时送往医院。

（五）布置课后作业

七、教学评价

优秀：①能够在规定时间内回答出3～4种运动损伤的处理方法为优秀；②能完全遵守课堂常规、积极参与课堂学习；③能够积极指出同学的优点与不足，并补充完全。

良好：①能够在规定时间内回答出2～3种运动损伤的处理方法为良好；②能较好地遵守课堂常规、较为积极地参与课堂学习；③能够较为积极地指出同学的优点与不足，进行适当补充。

达标：①能够在规定时间内回答出1～2种运动损伤的处理方法为达标；②基本能遵守课堂常规、参与课堂学习；③能简单指出同学的优点与不足。

评价方式：师生互评。

反馈方法：档案袋积分法。

八、教学反思

（一）创设情境，激发学生的兴趣

学生说出了很多的运动损伤的事例以及想掌握的处理与预防知识等，以情境的形式自然地完成教学任务，学生能够积极主动地投入学习中。

（二）合作学习，掌握知识

通过学生之间的小组合作、讨论交流、分组汇报、集体质疑，共同解决擦伤、鼻出血、扭伤、肌肉痉挛等处理方法中的疑问与困惑，在轻松愉快的氛围中获得知识，达到一种"润物无声、潜移默化"的效果。

（三）动手操作，掌握技能

动手的过程就是知识形成与获得的过程。教学中利用纱布、毛巾、自制冰袋、常用碘伏、棉棒等对虚拟损伤部位进行处理，可以帮助学生掌握实际操作的技能，培养良好的心理素质。学生之间的相互操作与演示，给学生提供了积累实际操作经验的时间与空间机会，不觉间也就突破了本节课的难点。这不仅拓展了学生的思维空间，超越过去那种"授之以鱼"的被动教学模式，更好地贯彻"授之以渔"的思想，还使学生在学习中做到会学、会用，举一反三。

总之，良好的体育教学是让学生更扎实地掌握体育技术与生存技能，在活动中学会保护自己，充分地享受体育的乐趣和成功感。让我们共同努力，在轻松愉悦的体育课堂气氛中体验成功的快乐，使学生得到全面、健康的发展！

案例2 《健美操基本步法——高冲击类》说课稿

各位评委老师，大家好。

今天我说课的题目是健美操基本步法——高冲击类。主要从以下几个方面进行分析。

一、教材

（一）教材分析

我选用的教材是高等教育出版社出版的、郑厚成老师主编的《体育与健康》，本书图文并茂，贴近学生生活实际。本课选自拓展模块第三节"健美操（舞）——表现美的形体"，是针对学生的兴趣、爱好、特长和身体状况开设的，是以健身、娱乐、养生和保健为主的选学内容，意在让体育满足生活的需求。为了增强学生学习的趣味性，进一步提高教学效果，我对教材做了如下处理。原教材以图表为主，清晰明了地展现了基本步法的动作类别、名称及规范。在此基础上，我对教材进行深度分析并延伸：①充分利用微课这一新颖的教学手段辅助教学；②将教学内容融入游戏中，以激发学生学习兴趣，培养学生团队合作能力；③让学生在掌握基本步法的基础上进行手臂动作的创编，以此激发学生创造性。

（二）教学目标

健康行为：学生能够认真遵守课堂规范，课中无不当表现行为，了解迈步吸腿跳、摆腿跳、小马跳的动作要领，避免运动损伤。

运动能力：学会迈步吸腿跳、摆腿跳和小马跳，发展学生的下肢力量和身体协调性。

体育品德：在追求美化身体的同时，力求使它与培养学生团队合作、互帮互助这些品性美有机结合。

（三）教学重难点

教学重点：掌握迈步吸腿跳、摆腿跳、小马跳的动作要领。
教学难点：跳起腾空时重心向上，落地时要屈膝缓冲。

二、教学策略

（一）学情分析

①教学对象：中专二年级健美操选修班的学生。
②身心特点：健康有活力，缺乏手脚协调性，学习热情不高，缺乏自信心。
③学习状况：在此之前，已掌握健美操高冲击类并步跳、开合跳、后屈腿跳的动作要领。将学生分成3个小组，每组已选出基础好的学生作为组长。
④课前准备：将微课分享到校园网平台，学生课前自主学习；上课时将微课运用教室内多媒体设备循环播放。

（二）教法

①以学生为主体、教师为主导进行教学。
②主要运用直观演示法、游戏练习法、分组教学法进行教学。

③要求学生积极参与、自主学习微课，教师组织活动、启发学生。

（三）学法

学生主要通过积极模仿、分解练习、纠正动作、自编动作来学习本节课内容。使学生自觉主动地参与学习。

三、教学过程

（一）时间分配

时间分配为：课堂引入3分钟，创境激趣7分钟，加深记忆10分钟，积极模仿20分钟，愉悦身心5分钟。

（二）课堂导入

①用"郑多燕瘦身成功事例"引导学生正确的瘦身方法为合理饮食与运动相结合，而非盲目节食或吃减肥药；帮助学生树立"健康第一"的思想。
②播放教师成套健美操展示视频，启发学生在课后任务中手臂动作的自编。
③本次课主题为"谁是赢家"，学习内容为健美操高冲击类步伐（迈步吸腿跳、摆腿跳、小马跳）。以"谁是赢家"这一活动主题展开，将课前热身、复习内容和学习内容设置成游戏形式，安排学生分3个小组进行PK，PK成绩可作为教学效果的测评指标之一。课堂导入和恢复身心部分突破传统方式，通过新颖有趣的形式，为本次课的基本部分更好地服务。

（三）创境激趣

①原地提踵练习，利于学生找到重心向上和缓冲的感觉。
②游戏"跳跃我最行"：教室中部房顶上并排悬挂3根彩带，离地约2.2米。学生分为3组依次行进间跳起触摸彩带，往返一次为一组。最先完成3组练习的小组为本环节的赢家，记3分，第二名的小组记2分，最后一名记1分。本环节利于突破本节课重点。

（四）加深记忆

①在教师的带领下跟着音乐复习上节课所学步伐：并步跳、开合跳、后屈腿跳。

②游戏"反应我最棒"：A.将学生分为3组，设定组别，安排组长负责；B.教师在音乐的伴奏下随机说出一个步伐名称，组员以最快速度做出相应动作，每个动作做4个八拍，3个步伐全部做完为止；C.按组别依次进行，未轮到的小组在组长的带领下尝试创编手臂动作；D.小组成员出错次数最少的记3分，之后的小组依次记2分和1分。

③展示手臂动作：每组依次展示手臂动作，展示时动作整齐协调加1分，每多创编一个手臂动作加1分。分组参与游戏可培养学生团队合作意识，利于体育品德的养成。

（五）积极模仿

①本节课的新授课内容是健美操基本步法高冲击类后3个步法，即迈步吸腿跳、摆腿跳和小马跳。教师播放微课视频，讲解这3个步法属于高冲击类，主要锻炼下肢肌肉和弹跳力，详细讲解动作要领。

②游戏"模仿我最强"：A.3组学生分别在组长的带领下根据视频模仿学习动作，限时10分钟，先学会的小组，组长示意，教师进行检查，组员全部学会且动作规范则算胜利；B.最快完成的小组为本环节赢家，记3分，之后的小组依次记2分和1分。

③在音乐的伴奏下教师完整带领学生练习2遍。

（六）身心愉悦

使用示范法带领学生放松，队形为圆圈面朝内。选用瑜伽动作和节奏舒缓的轻音乐，帮助学生放松肌肉的同时也平静了他们的心情，达到身心愉悦的效果。

在放松之后进行集合并做小结，小结本堂课的学习和复习的内容和学生的学习情况，提出不足之处并提示如何改进。之后布置回家任务：课下通过手机学习微课，复习本节课内容并预习下节课内容，根据微课提示，以小组为单位，任选4个基本步伐自编手臂动作，自配音乐，创编一个健美操组合。

(七)运动负荷、练习密度、教学场地

本次课的预计运动负荷为110~120次/分钟，练习密度为30%~40%。教学场地为舞蹈房，并配有镜子、多媒体设备、彩带、小黑板。

四、教学评价：

优秀：①能够流畅做完所有动作，并且不出错误、符合预计心率为优秀；②能完全遵守课堂常规、积极参与课堂学习；③在练习中能够积极主动帮助同伴找出优点与不足并帮忙改正。

良好：①能较为流畅做完所有动作，出错次数在2次以内、较为符合预计心率为良好；②能较好遵守课堂常规、较为积极参与课堂学习；③在练习中能够较为积极主动帮助同伴找出优点与不足并帮忙改正。

达标：①能做完所有动作为达标；②能基本遵守课堂常规、参与课堂学习；③在练习中能够主动帮助同伴找出优点与不足。

评价方式：师生共同评价。

反馈方法：档案袋积分法。

五、教学反思

(一)亮点

①本节课以学生为主体、教师为主导进行教学，采用"游戏练习法"贯穿整堂课的教学内容，大大提高了学生学习积极性，并通过多次分组练习培养了学生自主学习能力，使学生充分参与到课堂中来，提高了课堂效率。

②运用微课这一新兴的教学手段，使学生的学习不仅仅局限在课堂之中，同时在课堂上学生利用微课学习还可以使教师能着重关注纠正学生动作。

③布置课后任务：自编动作组合，利于培养学生的团队协作能力与创新精神。

（二）不足

虽然本堂课设计了游戏和分组练习，但是如何更有效地组织学生，使学生自觉自愿地参与到课堂中来，这仍是我们需要思考的一个问题。

案例3　《引体向上》说课稿

本次课以中职教育中的"服务发展为宗旨、促进就业为导向"，倡导学生在参与中培养学习能力，在竞争中提高运动技能为教学理念，结合学生所学专业特点，实现教学过程与生产过程相对接。我将从以下几个方面进行我的说课：

一、教材分析

本次课所采用的教材是郑厚成老师主编的《体育与健康》（南方版），基础模块当中的第三章第一节"要为生存打好体能基础"。引体向上是一种传统的锻炼上肢力量的项目，2013年被列入了国家学生体质健康标准必测项目之一，可见它在锻炼以及体育教学中的重要地位。该项目对学生的身体素质要求比较高，对我们从事烹饪专业的学生尤其是中餐专业的学生，锻炼上肢力量有很好的作用。

二、学情分析

本次课的教学对象是高一年级的32名男生，刚刚进入高中的学生1/3身体素质比较差，1/3中等，1/3比较好，且这个年龄段的学生好奇心强，想象力较丰富，有一定的分析、思辨能力，当然也存在一些问题，如个别学生力量不足，大部分学生不知道如何发力。

三、教学重难点

根据教材和学情，我确定了本课的教学重难点。

重点：锻炼背阔肌，增加引体的次数。我们都知道从上肢弯曲到下颌通过横杠这一动作主要用的是背阔肌，如果该力量欠缺那么最多只能做到屈臂很难使下颌通过横杠。

难点：由直臂悬垂到进入拉伸的屈臂状态。由直臂悬垂到进入拉伸的屈臂状态主要动用的是上肢力量，如果这些肌肉力量欠缺的话，那么只能是一直保持直臂悬垂的状态，很难做引体动作。

四、教学目标

根据学情我确定了本课的教学目标。

1. 健康行为

知道引体向上的锻炼方法和价值，以及容易受伤的错误要点。

2. 运动能力

学会使用科学锻炼方法，发展背阔肌、肱二头肌、胸肌和腰腹肌，学生能够知道由直臂悬垂到完成屈臂引体向上的过程，并完成课上规定的动作次数。

3. 体育品德

通过多种形式的辅助练习和教学方法如游戏和竞赛等，培养同学之间互相帮助、互相合作的优良品质以及集体荣誉感。

五、教法与学法

我将通过以下教与学的方法来实现我的教学目标：

（一）教法

1. 探究法

课前和课中给学生观看微课视频，教师提问，让学生讨论探究，为实现先学后教奠定基础。

2. 游戏法

通过跳山羊的游戏既可以使学生活动开上肢，又可以提高学生上课的积极性。

3. 分层法

针对不同力量基础的学生采用分层教学，达到更好的教学效果。

4. 竞赛法

利用比赛，提高学生的学习积极性，使学生在比赛中提高运动技能，培养集体荣誉感。

（二）学法

根据以上教法和学生特点我主要采用了以下学法：

1. 观察比较学习法

通过观看微课和同伴的练习来比较学习。

2. 自主学习法

按照微课和教师的讲解，根据自己的实际情况自主地去练习。

3. 合作探索学习法

通过组内协商、讨论和相互指导培养学生合作探索学习的能力。

六、教学过程

本课共45分钟，其中准备部分10分钟，基本部分32分钟，结束部分3分钟。

（一）准备部分（10分钟）

体育委员集合整队，教师宣布本节课的内容安排见习生，带领学生围绕操场慢跑2圈之后做原地的准备活动，充分活动开肌肉和关节。

教师带领学生做跳山羊的游戏，这样既可以为引体向上充分地活动开上肢，又可以提高学生上课的积极性。

（二）基本部分（32分钟）

①课前老师已经给同学们布置了观看微课的任务，为了让同学们有更进一步的认识，老师再次带领大家观看微课，同时老师做简单的讲解。

引体向上的要求：面向单杠，自然站立，跳起，双手分开与肩同宽，正握杠、身体呈直臂悬垂姿势。待身体停止晃动后，两臂同时用力，向上引体。当下颏超过横杠上缘时，还原，呈直臂悬垂姿势，为完成1次。

引体向上的动作要领：引体向上由直臂悬垂到屈臂状态用的主要是上肢力量，由屈臂状态到下颏通过横杠动用的主要是背阔肌。

背阔肌的锻炼方法主要有躬身单臂划船和屈体划船两种。躬身单臂划船：发展背阔肌上部，以肘用力，前臂、肩放松，缓慢练习不得晃动。屈体划船：两臂与肩同宽，以肘用力，前臂、肩放松，两臂不得晃动，重心在前脚掌，躯干与地面平行，收腹、挺胸、抬头。

②观看完微课之后教师提问：在同学们的生活中哪些动作用到了背阔肌？教师播放学生平时上课的视频，让学生把生活和教学过程相结合起来。

③对引体向上和锻炼背阔肌的方法有了认识了解之后，我主要通过两种方法来锻炼背阔肌，从而解决教学难点，一个是躬身单臂划船，一个是屈体划船。将全班学生分成4组，2组做躬身单臂划船，2组做屈体划船，每一种练习做2组，一组8~10次，做完之后进行交换，力量大的学生可以少做几次，力量小的学生可以多做几次，实现了分层教学。教师示范并巡回指导，表扬做得好的学生，并做示范。

④引体向上是克服自身重力的练习，所以我分别采用双杠和单杠两种辅助练习方法，来解决教学难点。4组学生，每一组学生用一副双杠，2个学生一组，一个学生握住双杠的一根杠，两手分开与肩同宽，正手握杠，另外一位学生双手握住杠上学生的双腿，以减轻其重力，杠上的学生做向上的引体动作，要求下颏通过横杠，充分体会引体向上的动作要领。每个学生做两组，一组8~10次，做完之后进行交换。利用单杠的辅助练习和双杠的辅助练习是一样的原理，过程当中教师巡回指导，表扬做得好的学生，并让其做示范。

⑤通过小组竞赛即提高了学生上课的积极性培养了集体荣誉感，又检验了教学目标的达成效果，4组学生以小组为单位，每一组选出一名认真负责的学生做裁判，负责记录该组每位学生做的次数，并把该组所有学生做的总的次数加在一起就是本组的最终成绩，小组之间进行比拼。

⑥为了使学生上下肢均衡发展，在基本部分的最后我采用了跳跃练习，分别是单脚跳、原地纵跳、立定跳远，每一种练习做一组（10次）。教师带领大家做立定跳远的分解练习，一的时候双臂上举，提踵；二的时候双腿弯曲重心略微前倾，双臂放于身后；三的时候双脚迅速蹬地，同时手臂迅速向前上方摆动。做完分解动作，每人立定跳远10次。

本课的基本部分共32分钟，其中观看微课3分钟，锻炼背阔肌10分钟，互帮互助10分钟，竞赛比拼5分钟，一课一练4分钟。

通过一节课的练习预计平均心率是125次/分钟左右。

通过一节课的学习，学生身体都比较疲惫，教师带领大家做一些放松的练习，主要由2个同学一组互相抖动手臂，互相背起，拍打小腿等，达到充分放松的目的。教师对本节课进行评价，同学之间进行互评，教师表扬做得好的同学，鼓励有进步的学生，回收器材，师生再见。

七、教学评价

优秀：①清楚认识引体向上的重难点，积极完成教师布置的动作次数，达到预计平均心率之上为优秀；②能完全遵守课堂常规；③能够主动积极参与挑战。

良好：①较为清楚地认识引体向上的重难点、较为积极地完成教师布置的动作次数，个人心率与预计平均心率相近为良好；②能较好遵守课堂常规；③能够较为主动积极地参与挑战。

达标：①能在提示下说出引体向上的重难点、完成教师布置的动作次数为达标；②能基本遵守课堂常规；③能够参与挑战。

评价方式：教师和学生共同评价、计次评价。

反馈方法：积分法。

八、教学反思

教学效果：通过一节课的练习，预计平均心率为120~125次/分钟，练习密度为40%~45%，心理负荷适中。引体向上和跳跃练习使学生上下肢得到了均衡的发展，结束部分的放松活动，学生心率能恢复正常，这符合运动科学，对学生能起到有效的锻炼作用。

教学特色：①采用了微课，为先学后教奠定了基础。②本次课教学组织有序、衔接自然，采用了多种辅助练习方法，利用了多种教学器材，如凳子等。使枯燥的引体向上教学变得更加有趣。③通过分层教学，可以使不同力量基础的学生更有针对性地去练习，从而达到更好的教学效果。④教学过程与生产过程相对接，实现了教学为专业服务的目的。